독약 수첩

시부사와 다쓰히코 지음 | 김수희 옮김

일러두기

1. 일본 인명과 지명은 국립국어원 외래어 표기법에 따랐다.

2. 본문 중에서 '역주'로 표기된 것 외에는 모두 저자의 주석이다.
    * 역주 예 : 기원전 2세기의 문법학자 니칸드로스(Nikandros, 고대 그리스 헬레니즘 시기의 시인, 문법학자, 의학자-역주)

3. 서적 제목은 겹낫표(『 』)로 표기하였으며, 그 외 인용, 강조, 생각 등은 작은따옴표(' ')를 사용하였다.
    * 예 : 플루타르코스의『영웅전』에 따르면, 로마의 전설적인 초대 왕 로물루스(Romulus, 기원전 700년)가 만든 최초의 법률은 '독을 넣거나 남의 아이를 몰래 데려오거나 열쇠를 위조하거나 간통을 하는 아내를 내쫓을 권리를 남편에게 부여하는 법률'이었다.

목차

고대인은 알고 있었다	5
피로 물든 로마 궁정	25
만드라고라의 환상	45
보르자 가문의 천재	61
성 바르톨로메오 축일의 밤	77
신기한 해독제	93
브랭빌리에 후작 부인	111
흑미사와 독약	125
독초원에서 근대 화학으로	141
비소에 관한 학자들의 논쟁	159
다양한 독살사건	177
교묘한 의사의 범죄	191
집단 살육의 시대	209
문고판 후기	225
역자 후기	227

고대인은 알고 있었다

<그림 1> 용을 퇴치하는 그리스 영웅

'독'이라는 말에는 온갖 범죄자나 낭만적인 범죄문학 애호가를 강하게 매료시키는 기묘하고 마술적이며 현학적인 울림이 내포되어 있다.

중학교 1학년 때의 일이다. 어떤 영어 선생님이 '운을 밟는다'라는 것에 대해 설명하며 그 예로 오스카 와일드(Oscar Wilde)의 작품에 『펜, 연필 그리고 독(Pen, Pencil and Poison)』이라는 제목의 에세이가 있다는 사실을 가르쳐주셨다. P로 시작되는 일종의 두음법을 활용한 근사한 제목이었다. 주지하는 바와 같이 오스카 와일드의 이 작품은 '녹색의 연구(A study in green, 서양에서는 녹색에 악마의 색이라는 이미지가 있어 [악에 관한 연구]로 해석되는 경우도 있음-역주)'라는 부제를 가지고 있는데, 주인공으로 토머스 그리피스 웨인라이트(Thomas Griffiths Wainewright)라는 실존인물을 다루고 있다. 섬세한 예술애호가이자 독살에 일가견이 있는 끔찍한 연쇄 살인마였다.

웨인라이트는 수많은 범죄를 저지른 진정한 독살마였다. 아름다운 반지 속에 인도산 녹스 호미카(nux vomica, 보미카라고도 함-역주)라는 독약 결정체를 숨기고 있다가 결정적인 순간에 살인을 저지르곤 한다. 예컨대 정원이나 성에 있는 저택을 차지하려고 숙부를 죽이거나 아내의 어머니를 살해하거나 1만 8,000파운드의 보험금을 타기 위해 처제와 장인을 살해하기도 했다.

물론 아직 어린 소년이었던 나는 와일드의 작품에 친숙하지 않았다. 그러나 영어 선생님의 입에서 무심코 흘러나온 이 마술적인 감각의 『펜, 연필 그리고 독(Pen, Pencil and Poison)』 때문에 훗날 나의 취향이 결정되어버렸다고 느꼈던 것은 사실이다. 매력적인 제목을 통해 끝없는 몽상의 샘물을 길어 올리고 있었다.

나의 지극히 개인적인 경험은 차치하고서라도, 분명 '독'이라는 단어는 고대부터 마술이나 요술과 밀접한 관련을 가지고 있었다고 여겨진다. 여자 요술사가 사리풀이나 벨라도나, 만드라고라(맨드레이크)나 바곳(투구꽃), 금매화 따위의 식물을 즐겨 사용했다는 것은 잘 알려진 사실이다. 아울러 과학적 사인 규명 방식이 확립되지 않았던 시대에는 특정 인물의 갑작스러운 죽음은 종종 악마의 소행이나 요술 탓이라고 자칫 치부되었기에, 요술사로 지목된 남자나 여자가 부당하게 죽음의 책임을 뒤집어쓸 수밖에 없는 경우도 많았다.

결코 아주 오래전의 일이 아니다. 미신이 인간의 정신세계 속에 얼마나 깊숙이 뿌리내리고 있는지를 여실히 증명해주는 사건이 최근에도 일어나고 있기 때문이다. 1958년 10월, 북부 독일의 어느 농민이 자기 딸을 독살했다. 범행 동기는 "열 달을 채우지 못하고 태어난 딸은 어른이 되면 결국 여자 요술사가 된다"라는 미신 때문이었다고 한다. …

독살범 중에는 여자가 많다고 하는데, 이는 통계학적으로 반박이 불가능한 사실이다. 유명한 프랑스 가톨릭 작가 프랑수아 모리아크(François Mauriac)의 소설 『테레즈 데케루(Therese Desqueyroux)』의 여주인공 테레즈가 호텔 방에서 핀을 꺼내들고 사진 속 청년의 심장 부근에 잔뜩 구멍을 뚫어버리는 장면이 떠오른다. 예나 지금이나 변함없는 여성 독살범 특유의 혼란스러운 심리를 보여주고 있다. 이

장면은 독살이라는 행위가 예로부터 이어진 주술의 연장선상에 있음을 단적으로 드러내주고 있는 예라고 할 수 있다.

리트레(Paul-Émile Littré)가 편찬한 『프랑스어 사전(Dictionnaire de la langue francaise)』에 따르면 독이란 "피부나 호흡, 혹은 소화기를 통해 동물의 체내에 유입되어 기관 조직에 유해한 작용을 미치고, 생명을 위협하거나 급격한 사망의 원인이 되기도 하는 물질의 총칭"이라고 한다.

물론 이 정의에는 논의의 여지가 있고 과학적으로 부정확할지도 모른다. 그리스의 디오스코리데스(Pedanius Dioscorides, 근대 약학의 아버지-역주)나 로마의 플리니우스(Gaius Plinius Secundus) 이래 각 시대의 독물학자는 각자 자기 나름의 방식으로 독에 대한 정의를 시도하고 있다.

독물 투여 방식에도 각 시대, 각 지방별로 기발하고 참신한 방식이 있었다. 반지에 박힌 보석 안에 독약 분말을 숨겨두거나, 상대방이 잠깐 방심한 빈틈을 노려 상대방의 음료수에 분말을 살짝 뿌리거나, 바늘 끝에 액체를 묻혀두었다가 악수할 때 상대방의 피부를 순간적으로 찌르거나, 적이 평소 자주 만지는 카드나 열쇠에 미리 독을 발라두기도 한다. 이런 치밀한 방법은 권모술수를 일종의 예술로 파악했던 무질서한 르네상스 시대에는 아주 보편적인 것이었다.

장갑이나 장화, 셔츠나 책에도 독이 스며들도록 했다. 카를 5세의 아들인 돈 후안(Don Juan)은 속옷에 스며들어 있던 독 때문에 목숨을 잃었다고 한다.

증기에 의한 방법도 이용되었다. 아비뇽의 교황 클레멘스 7세는 횃불에서 발산되는 비소 화합물을 증기 형태로 흡입한 뒤 고통스럽게 죽어갔다.

독일 황제 하인리히 7세, 루이 13세의 설교 사제였던 베륄 추기경(Pierre de Bérulle)은 미사를 올리던 도중, 성체 빵에 스며들어 있던 독 때문에 목숨을 잃었다. 보기 드문 예라고 여길 사람이 있을지도 모르지만, 실은 꼭 그렇지만은 않다. 폭력적인 방법으로 보르자 가문의 주도권을 찬탈한 악명 높은 계승자나 비잔틴 세계에 군림했던 여제들에게 신성모독을 연상케 하는 이런 수단들은 그야말로 식은 죽 먹기였다.

심지어 독은 관장 기구 안에까지 침투했다. 나폴리의 왕 콘라트 4세(Konrad IV)와 루이 13세는 이 방법으로 살해당한 것으로 추정된다. 그들의 직장 점막 주름 벽에는 비소가 남아 있었다. 사드의 『쥘리에트 이야기 또는 악덕의 번영(l'Histoire de Juliette ou les Prospérités du vice)』에도 관장 마니아인 나폴리 왕 이야기가 나온다. 역사적 에피소드에서 힌트를 얻은 것이 분명하다.

19세기의 독물학자 플랑댕이 전하는 바에 따르면, 고대 이집트의 왕들에게는 체내에 독을 머금고 있는 젊은 여성을 적에게 선물하는 관습이 존재했다. 젊은 여성들은 오랜 세월에 걸쳐 조금씩 독에 길들여져 있었기 때문에 이미 면역력을 확보한 상태였지만, 그런 사실을 모르는 상대가 무심코 키스라도 했다가는 순식간에 목숨을 잃게 된다. 알렉산드로스 대왕(Alexander the Great)도 이런 인위적인 방법을 통해 유독성 체질로 변한 아름다운 젊은 여성을 인도 태수로부터 선사받았다고 한다.

생식기도 독약을 전달하기 위한 통로가 되었다. 포에니전쟁에서 활약했던 로마의 용장 칼푸르니우스가 독을 바른 손가락 끝으로 클리토리스를 애무해 아내를 몇 명이나 죽였다는 이야기는 잘 알려져 있다. 교황 이노센트 10세를 모시던 의사였던 이탈리아인 파올로 자치아(Paolo Zacchia)의 『법의학의 제 문제(Questiones Medico-Legales)』(아비뇽, 1660년)에 의하면, 나폴리 왕 라디슬라오(Ladislao d'Angiò-Durazzo)는 적이 '정부(情婦)의 질 안에 은밀히 넣어둔 독을 남근을 통해 흡수해' 속절없는 최후를 맞이했다고 한다.

유럽 궁정의 역사를 거시적으로 조망해보면 엽기적이고 은밀한 독약 사용법이 있었음을 짐작할 수 있다.

프랑스 약물학계의 원로 르네 파브르(Rene Fabre) 교수의 『독물학 연구 서설』에는 독살자의 범죄 동기 분류가 나와 있다. 무척 흥미로운 내용이므로 다음과 같이 인용한다.

    가정 내 알력 43%
    모친에 의한 유아 독살 24%
    간통 10%
    복수 9%
    금전적 욕망 9%
    연애에 대한 훼방 5%

<그림 2> 표범의 모피를 두른 이집트 신관

아울러 파브르 교수는 독살범의 70%가 여성이며, 범죄 장소의 70%가 시골이었다는 사실도 덧붙이고 있다. 물론 이 분류에는 독 때문에 일어난 사고사나 자살은 포함되지 않는다.

독을 사용한 살인 중 무려 70%가 여성에 의해 저질러졌다는 사실은 우리의 주의를 끌기에 충분하다. 남성들은 보통 이런 죽음의 절차에 좀처럼 유혹되지 않으며, 아무리 적일지라도 독의 사용을 기피하는 경향이 있는 것으로 보인다. 역사적으로 보더라도 유명한 독살범은 대부분 여성이었다. 독에 의한 죽음은 서서히 진행되며,

독을 이용하는 여성은 종종 귀족적인 미모와 우아한 기품을 갖추었을 뿐만 아니라 재기발랄한 인물들이다. 그런 만큼 남자들이 느끼는 공포와 전율은 극심했을 것이다.

여성 독살범의 재판 사례는 일일이 열거가 불가능할 정도지만, 범죄사에 모호한 수수께끼를 남기는 경우가 대부분이다. 19세기 말의 독물학자 브루어델(Brouardel)의 조사에 따르면 독살의 주된 동기는 크게 애욕과 유산 상속으로 나뉜다고 한다. 그러나 그 어느 쪽에도 속하지 않는, 표면적으로 아무런 동기가 없는 것처럼 보이는 '설명이 불가능한 범죄 사례'도 상당하다고 한다.

이런 범죄들은 가학적인 '일락'이나 변덕스러운 '범죄 예술'이라고 간주하지 않는 한, 도무지 설명이 되지 않는다. 냉정하고 면밀한 의도와 병적인 잔학성이 반드시 동반되기 때문이다. 거짓말을 일삼고 허영심이 강한 불감증 여성에게 특유한 성향이다.

전형적인 예로 "명예를 위해 죽였습니다"라고 재판관 앞에서 고백한 17세기의 브랭빌리에 후작 부인(Marquise de Brinvilliers)을 들 수 있다. 아니면 쾌락을 위해 28명이나 살해했던 19세기의 엘렌 제가도(Hélène Jégado), 몇 푼의 보험금을 노리고 100명이 넘는 사람에게 비소를 넣으려고 했던 반 데르 린덴(Van der Linden) 부인의 행위는 역시 여성만이 생각해낼 수 있었던 비상식적인 범죄 사례에 속한다.

재미있는 사실이 있다. 독살에 관해 이상할 정도로 흥미를 느끼며 살인을 저지르는 여성들은 독살 이외의 작은 여죄, 예컨대 사기나 협박, 절도 따위에 대해서는 필사적으로 부인하려는 경향을 보인다는 사실이다. 허영심 때문일까. 어쨌든 동정심을 얻기 위해 그녀들은 자신이 박해받았다고 우기며, 죄를 저지를 수밖에 없었던 피치 못할 사정이 있었음을 역설한다. 자신이 편집광적인 (monomaniac) 살인 애호가라는 사실을 애써 감추려고 한다. 그들은 흥분한 나머지 인사불성이 된 사람처럼 쇼를 하거나 갑자기 신경질적인 발작이라도 일어난 것처럼 거짓 시늉을 하는 등 온갖 방법을 동원해 재판관에게 자신이 무죄라는 인상을 심어주려고 안간힘을 쓴다.

개중에는 실제로 진짜 히스테리 환자도 있었다(몽테스팡 부인과 반 데르 린덴 등). 충동적이고 변덕스러운 사례도 있었다(클레오파트라의 예). 그녀들에게서는 대부분 퇴행성 정신병(Degenerationspsychose)의 경향이 나타나는데, 그것이 감각과 정서적인 측면에서 착란을 유발했음이 분명해 보인다. 뉘우치는 기색이라고는 전혀 없는 경우도 있다(아그리피나와 카트린 드메디시스 등). 형벌에 대해 무관심한 스타일도 있다(라부아쟁[La Voisin]과 나네테 쇤레벤[Nannette Schoenleben] 등).

본래 범죄 수행에서의 굳건한 의지와 냉철한 계획성은 그녀들의 좋은 파트너라고 할 수 있는 남성 측에도 존재했다(네로, 로베르 다르투아[Robert d'Artois], 시계 기술자 페르 등). 그러나 특이하게 여성 독살자들에게만 존재하는 점이 있다. 허언증(Mythomania)이라고 칭할 정도의 자아충동 분출(엘렌 제가도 등), 회상록이나 익명의 편지를 쓰는 기묘한 열정(브랭빌리에, 라파지[Lafarge] 부인 등) 등을 들 수 있다. 나아가 그녀들 대부분이 도둑질을 시작으로 악의 길로 빠져들었다는 사실은 각별히 주목할 필요가 있을 것이다(르씨엘 뒤퐁, 올라문데 백작 부인 등).

사드의 『쥘리에트 이야기 또는 악덕의 번영(l'Histoire de Juliette ou les Prospérités du vice)』에서는 여주인공 쥘리에트가 다음과 같이 술회하는 장면이 나온다.

"주머니 속에 독약이 든 작은 상자를 감춰둔 나는, 공들여 변장하고 공공 유희장에서부터 온갖 거리들, 매음굴에 이르기까지 사방을 헤매고 다녔지. 그리고 이 불길한 사탕을 닥치는 대로 모든 사람에게 나눠주었어. 특히 일부러 어린이를 골라서 줄 정도로 내 행동의 사악함은 점점 도를 더해갔지. 그리고 스스로가 저지른 엄청난 죄를 확인해보기도 했어. 전날 내가 잔혹한 덫을 놓았던 사람의 집 앞에 그다음 날 관이 놓여 있는 것을 발견하노라면, 환희의 불길이 내 혈관을 타고 뜨겁게 휘감곤 했어. … 분명 자연이 나를 위해 이토록 형언할 수 없는 희열을 부여해준 것이 틀림없다는 생각마저 들었을 정도였지."

독에 관해 엄청난 기술을 남긴 작가로는 사드(『강즈 후작 부인[La Marquise de Gange]』)와 뒤마(『몽테크리스토 백작[The Count of Monte Cristo]』), 플로베르(『보바리 부인[Madame Bovary]』) 외에도 영국의 셰익스피어가 있다. 그는 16세기 당시의 약학 지식에 정통하다는 평판이 자자했다. 『로미오와 줄리엣』에는 독약을 파는 가게에 대한 상세한 묘사가 나오며, 『햄릿』에 등장하는 아버지의 망령은 '저주스러운 헤보나 독약'에 대해 이야기한다. 『맥베스』에 나오는 요사스러운 노파의 가마솥에는 '도롱뇽 눈알과 개구리 발가락', 그 밖에 당시 귀하게 다루어지던 각종 약재들이 들어 있었고, 『리어왕』이나 『헨리 4세』에서는 쥐약의 독성에 대해 정확히 서술하고 있다.

전설로 남아 있는 가장 오래된 독살사건은 수도 니네베(Nineveh, 티그리스강 동쪽 유역에 위치한 고대 유적-역주)를 건설한 아시리아 왕 니누스(Ninus)가 자신의 아내인 세미라미스(Semiramis)에게 살해당한 사건일 것이다(기원전 2세기). 세미라미스는 바빌론의 '하늘정원(Hanging Gardens of Babylon)'을 조성했다고 전해지는 전설의 주인공이다. 사치를 좋아했고 남자를 능가했던 여왕으로 알려져 있다.

성서에는 독에 대한 기술이 매우 드물다. 유목민인 유대 민족은 독에 대해 별다른 관심이 없었을지도 모른다. 구약의 신명기에는 "독초와 쑥의 뿌리가 너희 중에 생겨서"라는 말이 나온다. 묵시록 제8장에도 "횃불처럼 타는 큰 별이 하늘에서 떨어져 강들의 삼분의 일과 샘들을 덮쳤습니다. 그 별의 이름은 '쓴흰쑥'이었습니다. 그리하여 물의 삼분의 일이 쓴흰쑥이 되어, 많은 사람들이 그 물을 마시고 죽었습니다"라는 구절이 있다. 그들 사이에서 쓴맛이 나는 이 식물이 독이라고 간주되었다는 사실은 분명하다.

바빌로니아의 왕 네부카드네자르(Nebuchadnezzar)가 정신없이 들판으로 뛰쳐나가, 네 발로 기어 다니며 소처럼 풀을 뜯어 먹었다는 전설도 어쩌면 이 쓴(흰)쑥의 뿌리에 중독되었기 때문일지도 모른다.

반대로 페르시아인은 독약이 들어간 요리를 만드는 데 능숙했던 모양이다. 그리스 역사가 크테시아스(Ctesias)가 전하는 바에 따르면, 페르시아 왕 아르타크세르크세스(Artaxerxes)의 어머니 파리사티스(Parysatis)는 보기 싫은 며느리 스타테이라(Stateira)를 죽이기 위해 닭을 반으로 가른 뒤 한쪽은 자기가 먹고 다른 한쪽은 스타테이라에게 먹여 감쪽같이 독살했다고 한다. 요령은 더할 나위 없이 간단하다. 닭을 자른 칼날의 한쪽에만 미리 독을 발라두면 된다.

오리엔트 국가들 중에서 독물학이 가장 발달한 곳은 역시 연금술의 발상지, 이집트였다. 투탕카멘왕이 채 스무 살도 되기 전에 요절한 까닭은 그가 행한 아몬신 예배에 불만을 품은 사제나 군인들이 의기투합해 이 젊은 파라오에게 몰래 독을 먹였기 때문이라는 설이 있다. 제18대 왕조 붕괴 직전의 무정부 상태를 감안하면, 이 설이 전혀 근거가 없다고도 단언할 수 없다.

토트(Thoth, 이집트의 학문의 신-역주) 신을 섬기는 사제들은 왕국 내부 깊숙이에서 막강한 세력을 가지고 있었고, 과일의 핵에서 '청산'을 추출하는 증류 방식을 알고 있었던 것으로 추정된다. 그리고 포악한 군주나, 사제 계급이 통제하기 어려운 군주에게 상습적으로 이 독을 활용했다고 한다. 상류 계급에서는 구토를 유발하는 약제 복용이나 관장이 광범위하게 활용되었기 때문에 독을 다루는 일쯤은 그다지 어렵지 않았다.

'메테르니히 판'이나 '토리노 파피루스(Torino Papyrus, 이집트 제19 왕조의 신성문자-역주)' 등 이집트 관련 고문서에서는 독을 인간의 몸에서 빼내기 위한 주문이나 시 따위가 적혀 있다. 이런 자료들을 보면 고대 이집트인들이 전갈이나 뱀 따위의 독충에 물릴까 봐 얼마나 두려워했는지 미루어 짐작할 수 있다.

프톨레마이오스 왕가에서는 죄인들을 대상으로 독을 이용해 실험하기도 했다. 죽을 때 어떤 독을 써야 고통이 적고 효과가 우수한지 연구했던 것이다. 정치적으로 궁지에 몰렸을 때, 여왕 클레오파트라가 독사에게 물려 자살한 것은 아이러니한 사실이다.

클레오파트라가 무화과 바구니 바닥에 숨겨 가지고 오게 한 애스프(Asp)라는 뱀은 원래 몸길이가 2야드(182.88cm)가 넘는 맹독성 뱀의 일종이었다.

이자와 본진(伊沢凡人, 일본의 한방의사, 약물요법 학자-역주) 씨는 애스프라는 뱀에 대해 다음과 같이 설명하고 있다. "다양한 종류의 독사를 가리키는 용어인데 좁은 의미로는 유럽 남부에 사는 '유럽살모사(Vipera aspis)'를 가리킨다. 애스프는 머리 형태가 상당히 납작하고 코끝이 날카로우며 프랑스에 많다. 지중해 연안 지방이나 스위스, 트롤 지방에도 분포하며 석회석 산에 서식하고 겨울철에는 평야로 내려온다."

"특히 이집트에 서식하는 독사를 애스프라고 한다. 이집트에서 뱀술사들이 뱀을 다룰 때 애용하는 것도 바로 이 뱀이다. 클레오파트라가 자살할 때 자신을 물게 했던 애스프는 북아프리카에서 서식하는 뿔독사(horned viper)로 널리 알려져 있다. 학명은 '케라스테스 코르누토스(Cerastes cerastes를 가리키는 것으로 추정됨-역주)'로 매우 특징적인 뿔을 지녔는데, 모래땅을 선호해서 눈과 뿔과 콧구멍만 빼고 몸통 전체를 모래 속에 파묻은 채 숨어 산다. 강력한 독성을 지녔으며 몸길이는 무려 30인치에 이른다."(과학 에세이 『독[毒]』에서 발췌).

<그림 3> 요녀 키르케(Circe)와 오디세우스(Odysseus)의 동료들

클레오파트라는 이 뱀으로 하여금 자신의 유방을 물게 한 뒤, 황금 옥좌 위에서 여왕의 차림새로 숨을 거두었다. 일설에 의하면 클레오파트라는 평소 속이 비어 있는 장식용 핀을 머리에 꽂고 있었는데, 실은 이것이 핀이 아니라 결정적인 순간에 쓸 수 있는 독을 미리 담아둔 용기였다고 전해진다(뉘른베르크의 전쟁 범죄자 헤르만 괴링[Hermann Göring]이 유리 캡슐을 복부에 숨겨두었던 것과 비슷하다는 생각이 든다).

그리스 라틴 문학에는 동물 변신 이야기가 종종 나오는데, 호메로스(Homeros)의 『오디세이아(Odysseia)』에 나오는 요녀 키르케(Circe)도 일종의 독약 전문가라고 칭할 수 있다. 키르케의 저택 주위에는 '마

<그림 4> 호메로스에게 약초를 건네는 헤르메스. 13세기의 본초학 서적에서 발췌

법의 약'으로 말미암아 늑대나 사자로 변한 그녀의 연인들이 어슬렁거리고 있었다(이 대목은 이즈미 교카[泉鏡花]의 『고야히지리[高野聖, 고야산 스님]』와 약간 비슷하다). 오디세우스의 동료들도 '마법의 약'을 탄 술을 마시고 돼지가 되었다.

그런데 학문의 신 헤르메스(Hermes)가 아름다운 젊은이의 모습으로 나타나, 오디세우스에게 요녀를 대하는 방법을 가르쳐준 다음, 검은 뿌리에 유백색 꽃이 피는 '몰리(몰루, Moly, Mōly)'라는 마녀 퇴치용 약초를 땅에서 뽑아준다. 여기서 나온 '몰리'란 어떤 종류의 식물일까? 미나리아재비속 식물로 미치광이에게 특효약으로 여겨지던 헬레보러스(hellebore, 크리스마스 로즈)일까? 아니면 뽑을 때 인간의 목소리를 낸다는 만드라고라(Mandragora, 맨드레이크)일까? 혹은 이아손(Jason)이 황금 양모(그리스 신화에 나오는 날개 달린 황금빛 양의 털가죽. 이아손은 황금 양모를 찾기 위해 아르고호의 원정대를 이끌었음-역주)의 수호신인 콜키스(Colchis)의 용을 잠재우기 위해 이용했던 약초 네펜테스(Nepenthes, 벌레잡이통풀)와 동일한 것일까? …

어쨌거나 그리스인들이 전설뿐만 아니라 현실 속에서도 다양한 독약이나 '마법의 약'에 관해 익히 알고 있었다는 점은, 에우리피데스(Euripides)의 『메데이아(Medeia)』와 소포클레스(Sophocles)의 『트라키스 여인들(The Trachiniae)』처럼 처참한 독살을 다룬 비극을 통해서도 미루어 짐작할 수 있다.

실제로 당시 수상쩍은 의사나 약물의 횡행은 더 이상 묵과할 수 없을 정도였던 모양이다. 유명한 히포크라테스(Hippocrates)의 『선서문』은 다음과 같이 경고하고 있다.

"죽음에 이르는 극약은 그 어떤 사람에게도 건네서는 안 될뿐더러, 이런 약을 사용하도록 권해서도 아니 된다. 어떤 여자에게도 낙태용 좌약을 건네서는 안 된다."

그러나 향락적인 그리스인들은 아편에 대해서도 이미 알고 있었다. 기원전 2세기의 문법학자 니칸드로스(Nikandros, 고대 그리스 헬레니즘 시기의 시인, 문법학자, 의학자-역주)의 저작물 가운데 『유독생물지』(독을 지닌 짐승이나 독사에게 물린 상처에 대한 치료법, 원제 『테리아카[Theriaka]』)와 『해독법』(원제 『알렉시파르마카[Alexipharmaka]』) 등 독약에 관한 시들을 모아놓은 두 작품이 있는데, 여기에 그는 다음과 같이 적고 있다.

"양귀비 과즙이 섞인 음료를 마시면 깊은 잠에 빠져든다. 손발은 차가워지고 동공에 움직임이 사라지며 온몸에서 엄청난 땀이 흐른다. 얼굴은 창백해지고 입술은 부풀고 아래턱 인대는 느슨해지며 손톱은 빛깔을 잃는다. 움푹 파인 눈은 당장이라도 죽을 사람이다. 그러나 이 형색을 보고 근심할 필요는 없다. 술과 꿀을 섞은 미지근한 음료를 환자의 입가로 가져가 그 몸을 격하게 흔들어주면 환자는 즉각 독물을 토해버릴 것이다."

그리스인들은 헴록(Hemlock, 일본에서는 독당근, 한국에서는 독미나리라고 흔히 부른다-역주)의 효과에 대해서도 잘 알고 있었다. 이것은 경련과 마비를 유발하고 평온한 죽음으로 인도했기 때문에 주로 자살용, 사형용으로 제공되었다. 아테네의 웅변가 데모스테네스(Demostenes)가 이용한 것도, 소크라테스가 옥사쟁이에게 받았던 것도 모두 이 헴록 잔이었을 것이다. 헴록은 늪 주변에 흐드러지게 자라나 있었고 갈아서 으깨기도 쉬웠기 때문에 시 당국이 이것을 사형용으로 선택했던 것으로 보인다.

소크라테스의 마지막 순간을 플라톤이 남긴 글을 통해 살펴보자.

"소크라테스는 사방을 돌아다녔는데 이윽고 다리가 무거워졌다며 하늘을 바라보면서 땅에 드러누웠습니다. 그와 동시에 독을 건네준 사내는 그분의 몸을 만져보고 약간 뜸을 들이더니 다리 밑에서부터 위쪽 방향으로 살펴보았습니다. 그런 다음 발을 강하게 누르더니 감각이 있는지 물었습니다. 감각이 없노라고, 그분은 대답했습니다. 그리고는 반대쪽 정강이에 똑같은 조사를 하는 식으로 점점 위로 올라가면서 차츰 차갑게 굳어가고 있음을 우리에게 보여주었습니다. 그리고 다시 한번 만져보더니 이것이 심장까지 다다르면 세상을 떠나는 것이라고 가르쳐주었습니다."(『파이돈[Phaedon]』 후지사와 노리오[藤沢令夫] 씨 번역)

헴록이 인체에 미치는 완만한 효과를 과연 이보다 더 정확하고 드라마틱하게 묘사할 수 있을까.

플라톤이 남긴 이야기에 따르면, 소크라테스에게 육체적 고통은 거의 없었던 모양이다. 마지막에 크리톤(Kriton)에게 말을 걸었기 때문에 크리톤이 대답을 했는데, 이미 그때 소크라테스는 답변조차 하지 못하는 상태였다. "잠시 뒤 몸이 움찔거렸다. 관리가 몸에 덮인 천을 젖혀보니 눈동자는 한곳만 응시해 고정되어 있을 뿐이었다"라고 되어 있다.

마지막으로 그리스인들이 특정 동물의 썩은 피를 독약으로 사용했다는 사실에 대해 언급해두겠다.

플루타르코스(Plutarchos)의 말을 믿는다면, 기원전 480년 살라미스 해전(The battle of Salamis)을 승리로 이끈 테미스토클레스

(Themistocles)는 소의 피를 마시고 자살했다. 그러나 먼 훗날의 화학적 발견의 연구 성과를 적용해본다면, 이런 그리스 영웅들의 최후도 결코 전설이라고 단언할 수는 없다. 유기체 안의 알칼로이드(alkaloid)가 부패에 의해 프토마인(ptomaine, 시독, 동물의 시체가 부패할 때 단백질의 분해 과정에서 생기는 유독성 염기 화합물-역주)을 형성한다는 연구 성과가 상기되는 대목이다.

피로 물든 로마 궁정

<그림 5> 식물 채집 그림. 15세기 필사본에서 발췌

동양이나 이집트를 통해 서구 사회로 전래된 독약은 로마 궁정에 이르러 대대적으로 활약할 수 있는 절호의 기회를 포착했다. 궁정뿐 아니라 로마의 도시 광장이나 네거리에는 수상쩍은 최음제를 파는 약장수나 돌팔이 의사, 꿈 해몽을 해주는 테살리아(Thessalia, 그리스 북부 지방-역주)의 마술사들이 미신을 맹신하는 민중을 현혹하기 위해 구름처럼 몰려들었다.

플루타르코스의 『영웅전』에 따르면, 로마의 전설적인 초대 왕 로물루스(Romulus, 기원전 700년)가 만든 최초의 법률은 '독을 넣거나 남의 아이를 몰래 데려오거나 열쇠를 위조하거나 간통을 하는 아내를 내쫓을 권리를 남편에게 부여하는 법률'이었다. 지금 보면 참으로 미온적인 법률도 있다는 생각이 든다. 제아무리 사람 좋은 남편이라도 음식에 태연히 독을 넣는 아내와 같이 살 수는 없는 노릇이다.

그러나 이후 '12동판법'이라는 법률(기원전 454년)이 만들어져 독약이나 마술에 손을 댄 자에게 좀 더 가혹한 형벌을 가하게 되었다. 나아가 기원전 82년, 당시의 집정관 술라(Lucius Cornelius Sulla)가 제정한 '코르넬리우스 법'에는 헴록(Hemlock), 샐러맨더(Salamander, 불도마뱀, 도룡뇽), 바곳(투구꽃), 만드라고라(맨드레이크, Mandragora), 칸타리스(cantharis, 반묘[斑猫]라는 곤충에서 채취한 분말) 등을 사용할 경우 국외 추방 및 재산몰수형로 처벌할 수 있다는 조항이 추가되었다. 당시만 해도 의사가 자유롭게 독약을 판매할 수 있었기 때문에 자살자나 범죄자들이 종종 그들의 신세를 지곤 했다.

술라의 법률이 제정된 직후 작성된 유명한 키케로(Marcus Tullius

Cicero)의 『클루엔티오를 위하여(Pro Cluentio)』(기원전 66년)를 읽어보면 로마인의 음험한 가족관계, 그리고 그들 사이에서 불순한 의도를 지닌 의사가 얼마나 위험한 역할을 담당했는지 일목요연하게 알 수 있다. 이 사건은 고대의 형사소송 사건으로 무척이나 흥미롭기 때문에 좀 더 상세히 소개해보겠다.

첫 번째 결혼을 통해 딸과 아들을 한 명씩 낳은 미망인 사시아(Sassia)는 자신의 사위에게 홀딱 반해 딸에게서 남편을 빼앗아 그와 결혼해버렸다. 그런데 색마나 다름없는 사시아는 이내 마음이 식어, 이번엔 전과자인 오피아니쿠스(Oppianicus)라는 사내에게 푹 빠지더니 그를 부추겨 현재의 남편, 즉 한때는 사위였던 남자를 독살해버렸다. 이리하여 사시아가 세 번째 결혼을 감행하려던 상황에서 새로운 결혼 상대인 오피아니쿠스 가족의 방해에 부딪히자, 두 명의 사기꾼 의사에게 돈을 쥐어주며 오피아니쿠스의 가족을 몰살해버렸다. 살해당한 사람은 오피아니쿠스의 어린 두 아들과 장모, 처남 두 명, 임신 중인 처제 등 6명이었다.

그런데 사시아에게는 첫 번째 결혼을 통해 낳았던 아들 클루엔티우스(Cluentius)가 있었다. 그는 선을 넘고 궤도를 일탈한 어머니의 작태를 보다 못해, 이대로 가다간 조만간 자기도 죽은 목숨이라고 여기며 불순한 의사와 어머니를 재판소에 고소해버렸다. 그 결과 이전 사건의 하수인이었던 오피아니쿠스도 추방형에 처해졌는데, 드디어 완전히 제정신을 상실한 사시아는 이번엔 한 약제사에게 돈을 주면서 추방당한 연인을 독살하려고 했다. 이것은 죄를 아들에게 뒤집어씌우기 위한 함정이었다. 다행히 사건은 미수에 그쳤지만, 어리석게도 오피아니쿠스는 자신을 죽이려고 했던 범인이 틀림없이 클루엔티우스일 거라고 지레짐작하고 이번에는 그를 재판소에 고소했다. 사시아의 각본대로 모든 일들이 착착 진행되었던 셈이다. 이런 상황에서 억울한 누명을 뒤집어쓰고 고소당한 클루엔티우스의 변호에 나선 사람이 바로 키케로였다. 클루엔티우스는 키케로의 당당한 변론 덕에 재판에서 승소했다. …

참으로 잔혹하기 그지없는 사건이다. '코르넬리우스의 법'이 제정된 이후에도 로마 사회에서 독약의 사용이 전혀 근절되지 않았다는 증거로 볼 수 있다. 그래서 훗날 황제가 된 카이사르는 '율리우스 법'이라는 새로운 법률을 마련해 독살범을 다른 살인범보다 한층 무겁게 처벌하는 상황으로 몰렸다. 실용적인 것을 좋아했던 로마인들은 이렇듯 걸핏하면 법률을 만들어내곤 했다.

카이사르 이후 풍속이 한층 더 퇴폐해지면서 역대 황제가 독을 정치적 무기로 활용하게 되자, 요즘 말로 표현하자면 '살인청부업자'라고 할 수 있는 살인자들이 로마 거리의 명물로 등장했다. 뒷골목 암흑가, 테베레(티베르)강 하구의 항구도시 오스티아(Ostia), 키벨레(Cybele) 신전 내부에도 살인청부업자의 불길한 그림자가 어른거리게 되었고, 로마의 일곱 언덕 중 하나인 에스퀼리노 묘지에서는 밤이면 밤마다 살인청부업자들의 비밀 집회가 열리곤 했다.

그 무렵 흉흉한 소문이 나돌았다. 이 묘지에 카니디아(Canidia), 사가나(Sagana)라 불리는 여자 주술사 자매가 나타나 무덤을 파헤쳐 어린아이의 뼈를 훔친 다음 그 골수를 빼내 최음제의 원료로 사용한다는 소문이었다. 그녀들은 프토마인(ptomaine) 활용 방식을 인지하고 있었던 것이다. 호라티우스(Quintus Horatius Flaccus)의 『서정시(Epodes)』 제5편에 다음과 같은 시구가 나온다. 이런 시구가 등장할 정도로 여자 주술사들의 불길한 명성이 로마 시내에 자자했음을 알 수 있다.

> 추한 얼굴의 카니디아는
> 이마를 뱀으로 장식하고
> 피범벅이 된 두꺼비 알에
> 지옥의 새의 깃털을 뒤섞는다.
> 그리고 이올코스(Iolkos) 마을에서 나는 독약에
> 불결한 암캐의 뼈를 섞는다…

이번엔 고대 독물 연구 방면의 일인자로 꼽히는 신비한 인물을 소개하겠다. 로마와 주도권 다툼을 벌여 역사적으로도 유명했던 폰투스(Pontus, 흑해 남쪽 연안에 있던 나라)의 대왕 미트라다테스 6세 에우파토르(Mithradates VI Eupator, 기원전 63년 사망)다.

대왕은 어린 시절부터 궁정 내에서 벌어지는 온갖 음모에 휘말리며 성장했기 때문에, 자신의 삶을 독물 연구에 바치고자 결심하고 바빌로니아와 스키타이(스키티아[Scythia])의 의사들을 초빙했다. 이윽고 대왕 스스로 이 방면에서 굴지의 권위자가 되어, 오늘날에는

'미트라다테스'라는 용어 자체가 해독제를 의미하는 보통명사가 되었다.

페르가몬(Pergamon, 헬레니즘 문화의 중심지 중 하나로 현재의 튀르키예 베르가마-역주)이나 소아시아 지방 군주들은 예로부터 음료나 요리가 식탁에 오르기 전, 혹여 독이라도 들어 있을 것을 의심해 노예로 하여금 먼저 시식하게 한 후 노예가 죽지 않는 것을 확인한 다음에야 비로소 음식에 입을 대곤 했다. 미트라다테스왕에게도 이런 역할을 하는 노예가 필시 있었을 것이다. 심지어 이 잔혹한 대왕은 독물 실험용으로 사형수들을 제공했고, 본인도 직접 오랜 세월 동안 독약을 조금씩 들이킴으로써 독에 대항하는 연습을 거듭한 끝에, 독에 대한 면역성을 기르게 되었다. 덕분에 로마의 폼페이우스에게 패해 성이 함락되자 음독자살을 기도했지만 독이 전혀 효과를 발휘하지 못해서 어쩔 수 없이 노예에게 자신을 죽이라고 명령했다고 전해진다.

박물학자 플리니우스에 따르면, 미트라다테스왕은 "폰투스 지방에 서식하는 오리의 피를 해독제에 섞었다"라고 하는데, 그 이유는 "오리가 유독성 물고기나 벌레를 잡아먹고 살기 때문"이라고 한다. 이것은 어쩌면 역사상 최초로 행해진 일종의 혈청 요법이라고 평가할 수 있을지도 모른다. 그런 점에서 학술적으로 충분한 가치가 있다.

폼페이우스는 왕의 유물 중에서 발견된 비밀스러운 해독제 처방 기록을 로마로 가져갔고, 문법가 레네우스에 의해 라틴어로 번역되었다. 이것이 결국 황제 네로를 곁에서 모시던 의사 다모크라테스의 거듭된 개량 끝에 중세로 전해졌으며 이후 모든 해독제의 모범이 되었다.

알렉상드르 뒤마(Alexandre Dumas)의 명작 『몽테크리스토 백작』에는 '광물학'이라는 제목의 장이 있는데, 거기에서는 검찰총장 빌포르의 부인이 일부러 소량의 독을 마시는 장면이 나온다. 즉 상대와 함께 독을 마신 상황에서 자기 혼자 교묘히 죽지 않을 방안을 강구한 셈이다. 이 삽화는 필시 미트라다테스왕의 이야기에서 힌트를 얻은 게 분명하다.

다시 화제를 바꾸어 로마 궁정으로 돌아가보자.

폼페이우스에 의해 로마에 전해진 미트라다테스왕의 독약 비법은 로마 황제 가문을 둘러싸고 그토록 빈번히 일어났던 끔찍한 연쇄살인 사건과 직접적인 연관이 있었던 것일까? 정확한 사정은 알 도리가 없지만, 아무튼 사건의 경위를 살펴보기로 하자.

제2대 황제 티베리우스(Tiberius)는 권좌에 앉자마자 눈엣가시 같은 존재였던 조카 게르마니쿠스(Germanicus Caesar)를 제거해버렸다. 역사가 수에토니우스(Gaius Suetonius Tranquillus)에 따르면 게르마니쿠스는 아르메니아(Armeniya)와 카파도키아(cappadocia)에서 혁혁한 무공을 세운 후, 34세의 젊은 나이로 안티오키아(Antioch, 고대 시리아의 수도-역주)에서 '독살로 의심되는 쇠약사'로 사망했다. 또 다른 역사가 타키투스(Gaius Cornelius Tacitus)에 의하면 시리아 총독이었던 피소(Gnaeus Calpurnius Piso)라는 자가 티베리우스 황제의 명을 받아 효과가 더디게 나타나는 독을 그에게 은밀히 먹였다고 한다.

피소는 명망이 자자했던 게르마니쿠스를 질시하고 있었기 때문에 독물의 힘만으로는 안심할 수 없었다. 그래서 야심만만한 아내 플랑키나와 함께 예로부터 전해오던 주술인 '데피크시오눔 타브라에'를 꾸미기도 했다. 장방형의 납으로 된 판에 적의 이름을 새겨 넣고 지옥의 신에게 기도하는 주술이었다.

타키투스에 의하면 피소의 집에서 "분묘에서 발굴한 피투성이 시체의 일부분과 게르마니쿠스라는 이름이 새겨진 납으로 된 판과 부적, 마법의 문자가 발견되었다"(『연대기』제2권)고 한다.

한편 수에토니우스는 게르마니쿠스의 죽음에 대해 다음과 같이 기록하고 있다.

"거무칙칙한 반점과 입에서 뿜어져 나오는 거품만이 아니었다. 그의 시체가 불길에 휩싸이자, 사람들은 그의 심장이 아직 살아 있음을 확인할 수 있었다. 한편 일반적으로 믿어지고 있는 바에 의하면 독 때문에 손상된 심장은 불의 작용으로 그 기력을 회복한다고 한다."(『황제들의 생애(De vita Caesarum)』).

황제는 조카의 장례식 때도 태연자약한 표정을 지었지만, 범죄의 성과는 기대만큼 만족스럽지 않았다. 일설에 의하면 훗날 게르마니쿠스의 아들 칼리굴라(Caligula)는 아버지의 복수를 위해 역시 효과가 서서히 나타나는 독을 티베리우스에게 계속 먹이다가 도저히 효과가 나타날 때까지 진득하게 기다릴 수 없어서, 카프리섬으로 은퇴한 황제를 결국 이불로 질식시켜 죽였다고 한다.

그런데 그런 칼리굴라 역시 아내 케소니아(Caesonia Milonia)에 의해 입에 댄 격렬한 최음제 탓에 자칫 목숨을 잃을 뻔한 위기를 겪은 바 있었고, 종당에는 측근에게 살해당하는 비극적인 운명을 맞이했다.

그는 검투사 계급을 혐오했다. 어느 날 콜럼버스(Columbus, '비둘기'라는 뜻)라는 이름을 가진 검투사가 시합에서 이긴 후 검투장에서 나오는 순간, 그 남자의 상처에 독약을 넣어 죽여버렸다고 한다. 그리고 이런 사실을 기념하기 위해 이후 이 독약을 '코름비누스'라고 칭하며 즐겨 사용했다.

이런 미치광이 황제의 뒤를 이어 로마 황제가 된 사람이 바로 친위대에 의해 옹립된 아둔한 클라우디우스(Claudius)였다. 그는 지독히도 색을 밝혔던 두 아내와 그를 에워싼 의사들에게 휘둘렸던, 그야말로 허수아비 황제에 불과했다. 의사들은 그의 머리에 24시간 나이트캡(수면 캡)을 씌워놓았다. 가련한 꼭두각시 황제 클라우디우스는 결국 음모에 희생되어 스러지고 말았다.

요컨대 순조롭게 진행되었다면 황제와 그의 본부인 메살리나(Messalina Valeria) 사이에서 태어난 아들 브리타니쿠스(Britannicus)가 이어야 마땅했을 로마 황제의 자리를 네로에게 잇게 할 목적으로, 네로의 어머니이자 황제의 또 다른 부인이었던 아그리피나(Julia Agrippina)가 유명한 여자 독약 전문가 로쿠스타(Locusta)의 도움을 받아 황제를 살해했던 것이다.

클라우디우스 황제는 버섯을 몹시 좋아했기 때문에 아그리피나가 독이 든 버섯 요리를 만들어 바쳤다. 일설에 의하면 독약 시식을 해주던 노예 할로투스(Halotus)가 카피톨리노 언덕에서 야외 파티가 벌어졌을 때, 황제에게 독버섯을 건넸다고도 한다.

나아가 타키투스의 『연대기』에 의하면, 황후 아그리피나의 애인이자 의사였던 코스섬(Cos, 서양 의술의 아버지로 숭앙되는 히포크라테스의 고향으로 근대 의학의 성지-역주) 출신의 크세노폰이라는 자가 음모에 가담했다고 한다. 즉, 황제가 독이 몸에 퍼져 속이 메스꺼워지기 시작하자 이 의사가 달려와 토하게 해주는 시늉을 하다가 황제의 목구멍 깊숙이 새의 깃털 하나를 찔러 넣었다. 이 깃털에는 즉시 효과를 나타내는 독을 미리 발라두었다.

흡족해진 네로는 즉위식 날, "버섯은 신이 드시는 음식"이라는 절묘한 명언을 후세에 남겼다.

다음 희생자는 누구였을까. 네로는 야심가인 어머니를 무서워했고, 브리타니쿠스에게 강한 질투심을 느꼈기 때문에 결국 그를 죽이기로 결심했다.

이제 고작 15세가 된 브리타니쿠스에게는 병적인 발작을 일으키는 지병이 있어서 간혹 의식을 잃고 쓰러지기도 했다. 그러므로 설령 그가 독 때문에 고통스러워해도 필시 발작 탓이라고 사람들은 여길 거라고 예상되었다. 과연 실제로 그렇게 되었을까.

여기에서도 독약 전문가 로쿠스타(Locusta)가 암약하고 있었다. 그녀는 평소에는 친위대장이 관리하는 감옥에 갇혀 있다가 뭔가 새로운 음모가 획책될 때마다 자유로운 몸이 되어 은밀한 상담자 역할을 맡았다. 이번에도 그녀의 지휘하에 새끼 염소와 멧돼지, 노예 등을 이용해 실험을 반복한 끝에 탁월한 효과를 지닌 독약이 완성되었다. 나르키수스(Narcissus)라는 자가 죽음의 잔에 독약을 넣는 역할을 명령받았다.

이런 처참한 살인사건 장면은 프랑스의 고전극작가 라신(Jean Racine)이 훌륭하게 묘사했는데, 과거 일본의 극단 분가쿠자(文学座)에서도 공연된 적이 있다.

타키투스의 기술에 따르면, 독약을 감별하는 노예가 음료를 시식한 다음 브리타니쿠스에게 내밀자 그는 음료가 너무 뜨겁다며 노예에게 되돌려주었다고 한다. 독물은 이때 투입되었다. 끔찍할 정도로 독성이 강했기 때문에 브리타니쿠스는 순식간에 한마디의 말도 하지 못한 채 괴로워하다가 숨을 거두었다.

함께 있던 사람들 모두 가슴이 덜컥 내려앉아 그저 네로의 얼굴을 응시할 뿐이었다. 그러나 네로는 천연덕스러운 표정으로 "어차피 발작이겠지. 어릴 때부터 늘 그랬으니까. 별일 아닐 거야"라고 말했다.

한편 아그리피나는 짐짓 태연하려고 애를 썼음에도 불구하고, 공포와 경악에 휩싸인 기색이 역력했다. 따라서 그녀가 이 사건과 무관하다는 사실은 누가 봐도 명백했다. 기나긴 침묵이 흐른 뒤, 아무 일 없던 것처럼 흥겨운 파티가 다시 시작되었다.

브리타니쿠스는 그날 밤 세상을 떠났다. 장례식까지 미리 준비되어 있었기 때문에 소나기가 쏟아지는 상황이었지만 서둘러 매장되었다. 누가 봐도 범죄라는 사실이 명백했다. …

이후 이 사건과 관련된 네로의 총신들이 마치 불길하고 은밀한 우

<그림 6> 네로의 초상화 3점

(1) 20세 당시, 수염을 기른 젊은 황제(아그리피나는 아직 생존 중이었다)

(2) 중년이 되어 비만해진 황제(59세로 수염을 깎았다)

(3) 만년의 황제(텅 빈 눈동자를 보라)

연처럼 잇따라 세상을 떠났다.

그들의 죽음 뒤에 네로의 의지가 작용했다는 사실은 너무나 명백했다. 나르키수스, 팔라스(Pallas), 부르스(Sextus Afranius Burrus), 그리고 마지막으로 피소 일파의 제위 찬탈 음모에 가담했던 철학자 세네카도 자살 명령을 받은 뒤 헴록(Hemlock)을 마시고 목숨을 잃었다.

이제 남은 사람이라고는 간악한 아그리피나뿐이었다. 네로는 어머니의 후견에 차츰 중압감을 느끼기 시작하면서 호시탐탐 어머니를 죽일 기회만 엿보고 있었다. 하지만 브리타니쿠스를 죽일 때와 동일한 독살 방식을 썼다가는 자칫 의심을 살 것이다. 생각 끝에 어느 날 그녀를 작은 배에 태워 먼 바다로 유인한 다음 배를 침몰시키려고 했다. 그러나 이 계획 역시 실패로 끝났다.

결국 아그리피나는 네로가 보낸 켄투리온(centurion, 고대 로마 군대의 장교급 직업군인. 이른바 '백인대장'-역주)의 칼에 찔려 죽었다. 그때 그녀는 자객을 향해 "배를 찔러라!"라고 말했다고 한다. 마치 마지막 순간, 잔인무도한 아들을 낳은 자신의 자궁을 스스로 벌하기라도 하는 것처럼….

독약 전문가인 로쿠스타는 네로의 궁정에서 대단한 위세를 떨치며 많은 제자들에게 그 비법을 전수했지만, 갈바(Servius Sulpicius Galba)가 황제의 자리에 오르자 결국 사형에 처해졌다. 그녀가 죽자 그토록 대단했던 연쇄살인 사건도 자취를 감추게 되었다.

고대의 약학은 신화나 전설이 혼재되어 있다. 예컨대 플리니우스 같은 학자도 상상 속에 존재하는 신비로운 동물의 독물학적 특성을 진지하게 믿고 있었다. 흥미로운 대목이다. 그에 의하면, 바닷속에는 '바다토끼'라는 희귀한 동물이 있는데, 그 암컷은 독성을 갖고 있지만 수컷의 몸은 해독제가 된다고 한다.

신화에 나오는 헤카테(Hecate, 출산과 저승의 여신)나 메데이아(Medea, 그리스 신화에 나오는 마녀로 메데아 혹은 메디아라고도 함. 콜키스 지방의 마녀-역주)가 썼다는 식물을 그리스 의사들이 처방하고 있다는 사실도 몹시 흥미롭다. 이런 식물들은 오리바시우스(Oribasios, 기원전 4세기)나 갈레노스(Claudius Galenus, 2세기) 등 그리스 의사들이 내린 처방에 실제로 등장하고 있다.

그리스와 마찬가지로 로마에서도 수은이 가진 독성에 대해서는 익히 알고 있었다. 디오스코리데스(Pedanius Dioscorides, 고대 그리스 약물학을 집대성한 로마 시대의 굴지의 약물학자-역주)는 수은의 유독한 증기를 막기 위해 광산업자들에게 특별한 마스크 사용을 권장했다. 광물의 독성에 대해서는 델포이의 신탁을 받은 아폴론의 무녀들도 익히 알고 있었다.

아엘리아누스(Claudius Aelianus, 3세기)나 오비디우스(Publius Ovidius Naso) 등 고대의 작가들은 스키타이(스키티아[Scythia])의 전사들이 독사의 담즙이나 피로 화살을 적시는 관습이 있었다는 사실을 전해주고 있다. 스키타이란 아시아에서 가까운 유럽 북동부의 변경을 가리킨다.

그렇다면 비교적 근대에 발견된 것은 일단 제외하고, 고대에서 19

<그림 7> 센타우리움(Centaurium, '자주쓴풀'의 일종)을 든 켄타우로스. 13세기의 본초학 관련 서적에서 발췌

세기 중엽까지 면면히 이어져온 고전적 독약의 기본은 동물, 식물, 광물이라는 세 가지 범주에 속한다는 사실을 알 수 있다.

동물성 독물 가운데 가장 널리 알려진 것은 소나 두꺼비의 피에서 생성되는 프토마인(ptomaine)이다. 살무사나 도롱뇽의 독, 칸타리스(cantharis, 반묘[斑猫])나 비단벌레의 분말 등도 있다. 곤충의 분말은 구토를 유발하는 자극적인 냄새와 배뇨 시 심한 통증을 유발하는 성질이 있는데, 이른바 지속적 발기(priapism)나 과도한 자극을 추구하는 사람들에게 종종 최음제로 활용되었다.

플리니우스에 따르면, 소 카토(마르쿠스 포르키우스 카토[Marcus Porcius Cato], 포에니 전쟁 당시의 정치가 '대 가토'의 증손자-역주)는 키프로스 왕의 재산 경매 때 거금을 들여 칸타리스를 낙찰시켰기 때문에 '독약 상인'이라는 별명을 지니게 되었다. 18세기의 사드 후작, 즉 마르키 사드도 창녀들을 상대로 칸타리스를 이용했다.

식물성 독이 종류는 가장 다양한데, 그렇다고 꼭 독성이 강하지는 않다. 물론 헴록, 디기탈리스(digitalis), 몇몇 종류의 버섯 등은 예외다. 그러나 개사프란(Colchicum autumnale), 대극(Euphorbia pekinensis), 벨라도나(Atoropa belladonna, 가짓과의 독초-역주) 등의 식물은 사람이 먹었다고 무조건 죽지는 않는다.

이런 유독성 식물들은 종종 광물성 독의 작용을 보충하는 역할을 하는 것으로 추정된다.

디오스코리데스(Pedanius Dioscorides)에 의하면, 화산 지방에서 산출되는 계관석 혹은 웅황(orpiment, 석황이라고도 한다) 등의 광물성 독은 내장을 부식시키고 격렬한 장해를 일으킨다고 한다. 이런 독들은 자연에서 생산되는 비소 황화물인데, 전자는 붉고 후자는 노랗다. 주로 납이나 진사, 수은, 백연 등을 섞어 사용한다.

고대의 독약 처방은 비밀에 부쳐져 있거나 지극히 엉성한 형태로 밖에는 남아 있지 않다. 따라서 오늘날에는 미트라다테스의 해독제가 정확히 어떻게 배합되었는지 거의 알 수 없다. 당연히 브리타니

<그림 8> 전갈과 뱀의 투쟁. 옆에 그려져 있는 것은 지치과(Boraginaceae)의 식물. 11세기의 본초학 관련 서적에서 발췌

쿠스를 죽음에 이르게 한 물약의 성분을 밝히는 것도 불가능하다.

후자에 대해서는 19세기 말 카바니스(Augustin Cabanès) 박사가 납과 수은의 혼합물일 것이라고 추정했지만, 같은 시대를 살았던 식물학자 E. 질베르는 복숭아꽃을 달인 약일 거라고 주장했다. 한편 리트레(Paul-Émile Littré)가 편찬한 『프랑스어 사전(Dictionnaire de la langue francaise)』에는 청산(靑酸)일 것이라고 적혀 있다.

이런 독물들은 하나같이 자연에서 풍부히 생산되었고 입수도 수월했으며 사고파는 것에도 딱히 제한이 없었다.

그러고 보니 그리스에서는 헴록을 국가가 이른바 '전매' 형태로 판매했는데, 로마의 귀부인들은 약을 파는 수상한 곳에서 은밀히 독약 원료를 사야 할 일이 생기면 조금도 주저하지 않았다. 적어도 법률적 고려는 전혀 필요치 않았다는 이야기다. 법의학이라는 것이 존재하지 않았기에 해부도 거의 이루어지지 않았다. 오히려 피해자 가족들은 시체에 불길한 납빛 반점이라도 나타나면 황급히 시체를 소각하기에 바빴다.

고대의 해독 방식은 최근까지 사용되기도 했다. 부자들은 보석을 갈아 가루로 만든 다음 양질의 포도주에 섞기도 했고, 미트라다테스가 했던 방식으로 폰투스 지방의 오리 피를 마시기도 했다. 만약 이런 호사를 누릴 형편이 되지 않는다면 디오스코리데스나 아에티우스(5세기의 그리스 의사), 니칸드로스(Nikandros, 고대 그리스 헬레니즘 시기의 시인, 문법학자, 의학자-역주)의 견해에 따라 목욕 후 벌꿀주라도 마시면서 자족했다.

해독제로 쓰이는 고약인 이른바 테리아카(Theriaka, 니칸드로스의 저서명이 그대로 해독제의 대명사가 됨-역주)의 제조법도 그리 복잡하지 않았다. 독사의 머리와 꼬리를 잘라내고 살 부분만 삶은 다음 빵가루나 온갖 향료를 섞어서 분말 형태로 만든다. 크레타섬에서 생산된 술에 이 가루를 탄 다음, 이것을 아티카산 벌꿀과 섞으면 된다.

네로를 곁에서 돌보던 그리스인 의사 안드로마케가 발명한 이 특효약은 황후 아그리피나가 애용했는데, 이는 갈레노스(Claudius Galenus)가 황제 마르쿠스 아우렐리우스(Marcus Aurelius Antoninus)를 위해 만들어주었다고도 전해진다. 이 해독제는 독에 대해 효과적일 뿐만 아니라 성적 불능, 혹은 페스트를 비롯한 온갖 병에 특효가 있다고 여겨졌다. 그야말로 만병통치약으로 중세에 크게 유행했고, 시골에서는 19세기 중엽까지도 이용되었다고 한다.

만드라고라의 환상

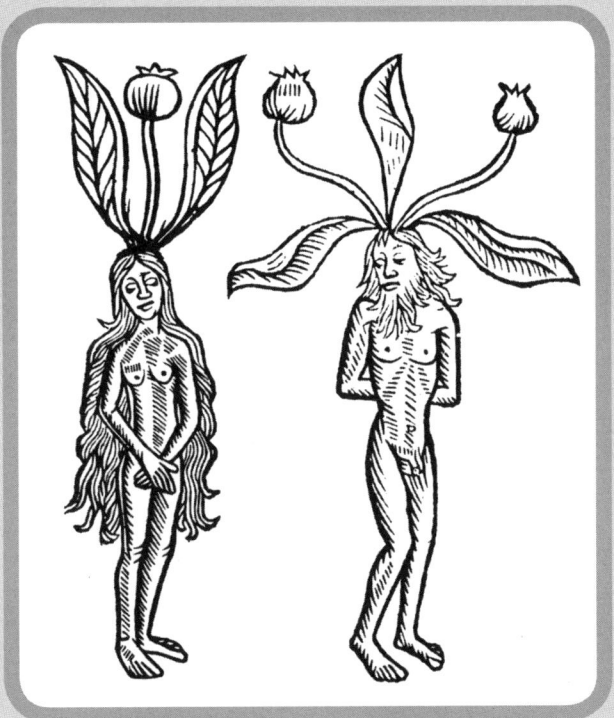

<그림 9> 만드라고라(Mandragora, 맨드레이크)의 우의화

중세에 이른바 '독의 대중화'라는 현상이 일어났다고 파악한 사람은 『마녀(La Sorcière)』의 저자 미슐레(Jules Michelet)였다. 물론 로마제국의 몰락에서부터 비잔틴제국의 멸망(1453년)에 이르는 기나긴 암흑의 천 년을 한마디로 규정짓기란 쉽지 않다. 어쨌든 남아 있는 문헌이 거의 없기 때문에 정확한 내용은 아무도 알 수 없다. 그러나 기독교 신학자와 귀신론자들이 당시의 마술사들을 신비한 베일로 가려두었을 때, 정작 마술사들은 근대 의학의 맹아라고 할 수 있는 자연의 비밀을 은밀히 획득하고 있었다. 이것은 의심할 수 없는 사실로 여겨진다.

마술사라고 일컬어지는 무리는 사회에 좀처럼 용인되지 않는 이른바 이단자들이었기 때문에 봉건 귀족들이나 성직자들에 대한 질투와 원망에 항상 신음하고 있었다. 그런 무리가 은신처에서 밖으로 나와 마루바노호로시(가짓과 식물, 학명은 *Solanum maximowiczii*-역주)라든가 까마중(솔라닌을 함유한 가짓과의 독초), 벨라도나, 사리풀 등의 독초를 따러 들판으로 향했고, 결국 수상쩍은 독약이나 최음제를 만들어 복수에 불타는 범죄자들에게 팔았다. 미슐레의 책에는 그런 이야기가 다수 수록되어 있다.

마술사와 의사, 독약 전문가 사이에 명확한 구별이 없던 시절이었다. 여자 요술사가 풍기는 악취를 "태양열을 받아 독초의 내부에서 자라는", 졸음을 유발하는 액즙과 비슷하다고 철석같이 믿는 사람들도 당연히 많았다.

중세의 요술사들은 낙태약을 팔거나 최음제를 건네주거나 누군가를 저주하는 비법을 가르쳐줌으로써 가난한 민중의 삶에 친근하게 다가갔다. 그 옛날 독약을 다루던 메데이아(Medea, 그리스 신화에 나오는 마녀로 메데아 혹은 메디아라고도 함. 콜키스 지방의 마녀-역주)나 로쿠스타처럼 정치적 사건이나 왕가의 분쟁 따위에는 관여하지 않았던 것으로 보인다.

그러나 중세 시대에 '독의 대중화'를 조장했던 존재는 결코 마술사나 요술사들만이 아니었다. 예를 들면 야코부스(Jacobus de Voragine)가 저술한 『황금전설(Legenda aurea)』 안에도 어느 수도원에서 일어난 독살미수 사건에 관한 흥미로운 기술이 보인다.

6세기 무렵의 이야기다. 이탈리아의 어느 수도원에서 수도원장이 세상을 떠나자, 성자로 명망이 높았던 베네딕트가 새로운 원장으로 임명되었다. 그런데 새로운 원장이 부과하는 계율이 지나치게 엄격했기 때문에 수도원 내부의 불평분자들이 서로 짜고 원장이 마실 포도주에 독약을 넣었다.

그런데 성자인 원장이 식사 전 성호를 긋자, 독약이 들어 있던 단지가 마치 돌에 맞은 것처럼 순식간에 산산조각이 나버렸다. 사정을 간파한 원장은 자리에서 일어나 사람들을 향해 입을 열었다.

"하나님이 부디 그대들을 용서하시기를. 내가 제시한 계율이 여러분의 마음에 들지 않았던 모양입니다. 어쩔 수 없습니다. 여러분은 여러분이 바라는 원장에게로 가시는 게 좋겠습니다. 이렇게 된 이상, 나는 여러분과 함께 있을 수 없습니다…"

이것은 기적에 대한 이야기 유형에 속한다. 이런 이야기를 읽고 있노라면 제아무리 명망 높은 성직자라도 그 신변에 독살의 위협이 전혀 없지는 않았다는 사실을 알 수 있다. 시골에 사는 일개 수도사 조차 이리도 쉽사리 독약을 입수할 수 있었다니, 당시의 권력가나 귀족들이 독을 얼마나 능숙히 다루고 있었을지 미루어 짐작할 수 있다. 애매모호한 구석이 있는 중세사에는 많은 왕들이 의아하고 기괴한 죽음을 맞이했다는 사실이 다수 기록되어 있다. 따라서 이들 중 대부분이 필시 독약 때문에 죽었다고 봐도 무방할 것이다.

예를 들어 중세 유럽의 민중을 두려움에 떨게 했고 『니벨룽겐의 노래』라는 서사시에도 등장해 후세에까지 명성을 떨쳤던 훈족의 왕 아틸라(Attila)를 떠올려보자. 아틸라가 어린 아내의 품에서 복상사했다는 전설도 기실은 누군가가 독을 넣었기 때문이라고 추정하는 편이 오히려 이야기의 맥락상 앞뒤가 맞는다.

한편 요술사와 관련해 중세 독물학의 권위자로 등극한 부류는, 근동지방에서 유럽 여러 도시로 흘러들어간 유대인들이었다. 예컨대 대머리왕(le Chauve)이라는 별명으로 널리 알려진 샤를(카롤루스)을 모시던 의사 세데시아스라는 남성도 유대인이었는데, 그는 왕에게 치사량의 독물을 건넸다는 이유로 동시대 사람들로부터 비난을 받았다.

마호메트는 시리아를 여행하던 중 말라리아에 걸려 고열에 시달리다 초췌하게 죽었다고 하는데, 실은 효과가 느리게 나타나는 독에 노출되어 쇠약해진 끝에 죽었을 것이라는 설이 제기되기도 했다. 17세기 말에 나온 『사기꾼 마호메트의 생애』라는 책에 따르면,

젊은 유대인 자이나브라는 사람이 마호메트가 과연 진정한 예언자인지를 시험해보기 위해 연회 자리에서 마호메트가 먹을 요리에 몰래 독을 넣었다고 한다. 그 때문에 마호메트는 점차 쇠약해지더니 결국 3년 후 죽었다는 것이다.

독을 능숙히 다루던 유대인은 독을 예방하고 이것을 미연에 발견하는 기술까지 알고 있었다. 아베로에스(Averroes, 이슬람의 종교철학자 이븐 루슈드의 라틴어 이름-역주)의 제자로 당시 대학자였던 마이모니데스(Maimonides, 12세기)도 유대인이었는데, 그는 독물에 관한 저서에서 해독제로 암탉의 똥과 응유제(레닛[Rennet], 우유를 치즈로 바꿀 때 필요한 효소로 동물의 내장에서 많이 발견됨-역주), 다진 마늘, 새끼 오리, 초석(질산칼륨) 등을 꼽고 있다. 아울러 독사에게 물렸을 때는 에메랄드를 상복부에 올려놓으면 된다는 설명도 보이는데, 이는 당시의 미신이나 마술이 반영된 것이라고 할 수 있다. 마이모니데스는 25세 때 십자군에게 참패를 안겨준 이슬람의 술탄 살라딘을 모시는 의사로 임명되어 오랫동안 해독제 제조를 감독했던 인물이기도 하다.

유대인, 요술사와 함께 중세 시대에 악마적 계급의 삼위일체를 형성한 존재는 바로 한센병 환자였다.

1321년 봄 필리프 5세(장신왕이라는 별명으로 저명-역주)가 통치하던 무렵, 프랑스에서는 장티푸스가 맹위를 떨쳤다. 그 바람에 푸아투(Poitou), 아키타니아(Aquitaine, 오늘날의 아키텐-역주), 아르투아(Artois) 등 각지에서 많은 인명이 희생되었다. 당시 사람들은 전염병을 악마의 소행이라고 여겼으며, 유대인과 한센병 환자를 악마의 친구로 간주했다. 그러므로 장티푸스가 이토록 참혹할 정도로 창궐하는 이유는 그런 천민들이 각지의 우물이나 샘에 독을 넣었기 때문이라며 그들을 부당하게 위협했다.

의학이나 약학에 관한 지식이 13, 14세기에 크게 보급된 이유 중 하나는 이 시대에 유럽 전역에 전염병이 만연했기 때문이라고 주장하는 학자도 있다. 한센병과 맥각 중독('성안토니우스의 열'이라고도 불렀다), 페스트는 그중에서도 가장 중요한 전염병이었다. 매독은 약 1세기 후에 나타났다.

한센병 환자는 머리부터 발끝까지 하얀 천으로 온몸의 피부를 감싸고 두건으로 얼굴 전체를 가린 다음, 손에 '거지방울'이라 불리는 방울을 들고 그야말로 산송장처럼 정처 없이 여러 나라를 유랑했다고 한다. 방울 소리가 들리면 사람들은 그들을 피하기 위해 황급히 도망치곤 했다.

페스트나 한센병에 대한 화제는 독약과는 직접 관련이 없기 때문에 이 정도에서 이야기를 마무리하기로 하겠다.

프랑스의 카페 왕조에도 독살로 의심되는 기괴한 최후를 맞이한 몇몇 왕이 있다. 루이 5세와 루이 10세 등이다. 루이 8세의 아내이며 현숙한 부인으로 명망 높았던 카스티야의 블랑슈(Blanche of Castile, 블랑카 데 카스티야)도 연인인 샹파뉴 백작 티보를 유혹하기 위해 왕을 독살했다는 소문이 돌았다.

의혹에 휩싸인 분위기가 왕가에 무겁게 감돌고 있었기 때문에 궁정 내의 식사에 관해서는 극도로 신중했다. 일찍이 동양의 군주가 음식에 독이 들었는지를 감별하는 노예를 옆에 두었듯이, 식사를 관장하는 우두머리가 왕이나 황태자의 식사와 음료를 점검했고 식사가 시작되기 전 조금씩 시식해보는 관습도 존재했다. 수정이나 귀금속으로 된 식기류들도 자물쇠를 걸어 엄중하게 보관했으며, 신뢰할 수 있는 신하들로 하여금 일일이 점검하도록 했다. 소금은 정제 방식이 나쁘면 비소와 비슷한 빛깔을 띠었기 때문에 각별히 엄중하게 취급되었다.

그러나 식사를 관장하는 우두머리가 적에게 매수당하는 일도 간혹 있었기에 좀처럼 안심할 수 없었다. 세속의 왕뿐만 아니라 종교계의 왕이라고 할 수 있는 로마의 교황들조차 독에 대해서는 매우 예민했다. 그들은 미사 때 성배와 성체 빵을 시식하는 분야를 담당하는 관리에게 한시도 경계의 눈길을 늦추지 않았다. 따라서 권력을 지닌 자들은 항상 독을 예방할 물질에 관한 탐구에 관심이 많았다.

시인이나 초기 여행자들이 쓴 이야기에는 해독제가 될 뿐만 아니라 독의 존재를 알려주는 동물성 물질이나 광물성 물질에 관한 공상적인 기술이 있어서, 당시 사람들의 관심이 주목되었다. 세비야(Seville)의 이시도로(Isidorus Hispalensis, Saint Isidore of Seville), 마르보두스(Marbodus), 뱅상 드보베(Vincent de Beauvais), 알베르투스 마그누스(Albertus Magnus) 등의 학자들이 이런 신앙을 더욱 건건하게 만들어 13세기 이후 꽃을 피운 '금석지'나 '동물지'를 향한 길을 개척했다. 마노(Agate), 혈석(bloodstone), 홍옥수(carnelian, 카넬리안), 붉은줄마노(sardonyx, 사도닉스) 등의 보석은 치료에 효능을 가진 것으로 여겨져

<그림 10> 다양한 일각수

진귀하게 취급되었다. 이리하여 보석에 관한 일종의 신비주의적 학설은 중세에 탄생하게 된다.

자수정이나 산호, 섬여석(섬서석, 두꺼비 머리에서 나온 것으로 여겨졌던 태고 시대 동물 치아 화석) 등은 독이 든 샘 옆에 두면 색깔이 변한다고 믿었다. 용의 위장 안에서 생겨났다는 일종의 자연적 결석인 용분석이나 사문석(serpentine) 등에도 마찬가지 효능이 있다고 믿었다. 하지만 용분석이라는 돌은 공상적인 시인이나 천진난만한 학자들의 머릿속에만 존재했을 뿐이다.

일각수의 뿔도 해독용으로 궁정에서 매우 귀한 대접을 받았다. 그러나 일각수 역시 공상적인 신화 속에서만 존재했던 동물에 불과했기 때문에, 실제로 이용된 것은 돌고래와 유사한 고래목의 바다 짐승 일각고래(unicorne, Monodontidae)였다. 이 바다짐승의 이빨은 한방에서도 해독제로 이용되었는데, 서양에서는 독약 옆에 이것을 두면 습기를 머금는다는 말이 있다. 일각고래 이빨의 단 일부라도 얻고 싶어서 영지를 팔거나 저당잡혔던 부유한 귀족도 적지 않았다고 한다. 카페 왕조에서는 이 이빨을 오랫동안 생드니 대성당(Saint-

Denis basilica)에 보관해두었다.

'뱀의 혀'라고 불린 일종의 부적도 독 제거 용도로 중세에 명성을 떨쳤다. 실제로 이용된 것은 '상어 혀'였는데, 14세기의 유명한 여행가 요한 맨더빌(Jehan de Mandeville)의 『금석지(金石誌)』에는 독 주변에 이것을 두면 색이 변하거나, 말하기가 어눌한 사람이 이것을 지니고 있으면 신기하게도 달변이 된다는 따위의 효능이 적혀 있다. 16세기의 금은 세공사들은 귀족의 명령에 따라, 특히 소금단지 속에 독이 들어 있는지를 간파하기 위해 상어 혀를 보석처럼 세공하기도 했다.

오컬티즘(occultism, 신비주의-역주)이나 연금술에 몰두했던 아비뇽의 교황 요한 22세는 '뱀의 혀'나 보석의 효능을 철석같이 믿었던 미신가였다. 그는 참으로 기괴하기 짝이 없는 교황이었다. 알비파에 대한 교황청의 처사에 반대했던 프란체스코수도회의 베르나르 델리시우를 투옥시켰고, 시인 단테를 추방했으며, 빌라노바의 연금술사 아르날두스(Arnaldus de Villa Nova)의 저서를 태우기도 하는 등 문화인들을 철저히 박해했다.

어느 날 그의 조카가 급사했다. 교황은 카오르의 주교 유그 제랄디를 고발해 재판소로 넘긴 후 산 채로 그의 가죽을 벗긴 다음 화형에 처해버렸다. 고발 이유는 이 주교가 조카를 저주했기 때문이다. 교황은 본인이 무수한 요술사로부터 저주를 받고 있다고 굳게 믿고 있었다.

이처럼 교황은 지나칠 정도로 피해망상에 사로잡힌 인물이었다.

그 때문인지 어느 날 새해 선물 명목으로 프랑스 왕 필리프 5세로부터 독을 제거하는 두 개의 '뱀의 혀'를 받게 되자, 그야말로 뛸 듯이 기뻐했다. 두 개 가운데 하나는 루비와 에메랄드, 진주가 깨알처럼 박힌 '뱀의 혀'였다. 여섯 개로 갈라진 '뱀의 혀'에는 황금이 세공되어 있었다.

그러나 교황을 가장 기쁘게 한 것은 1317년 베아른(Béarn) 공작 부인에게서 빌린 '뱀의 뿔' 손잡이가 달린 나이프였다. 명칭은 '뱀의 뿔'이었지만 실제로는 코뿔소 뿔이었다. 역시 독을 없애주는 부적이었다. 물품 인도식은 엄숙하게 거행되었고 정식으로 차용증서가 작성되었다. 요한 22세는 이 나이프를 무려 10년 이상 마치 자기 것처럼 지니고 있다가, 1331년 공작 부인의 유족들이 반환을 요구하지 하는 수 없이 내놓게 되었다. …

중세인들이 부적, 성스러운 양피지(유대인이 왼쪽 팔이나 이마에 감았던, 구약성서의 문구를 기록한 양피지), 해독제 따위를 열심히 탐구했다는 사실은 결국 그들의 천진난만함, 그리고 죽음에 대한 공포가 얼마나 거대했는지를 방증해주기도 한다. 좀처럼 믿기 어려운 일이지만 로마 교황까지 이토록 미신에 사로잡혀 있었다고 하니, 민중의 마음에 얼마나 터무니없는 미망이 자리 잡고 있었을지 충분히 짐작이 가는 바이다. 요컨대 중세의 정신을 지배했던 유추적인(analogical) 상징주의에서 독과 마술의 위협은 결코 별개의 존재가 아니었기에 서로 불가분의 관계에 있었다고 할 수 있다.

얼마 되지 않는 당시 문헌을 아무리 뒤져봐도 해독제나 부적이 어떤 형태로든 효과를 발휘했다는 사실은 거의 확인되지 않는다. 효과는 순전히 심리적인 면에 국한되었던 모양이다.

비잔티움에서는 아리따운 아이나 근사한 미술품에 침을 뱉으면 독을 예방할 수 있다는 믿음이 존재했다. 양피지를 넣은 지갑이나 호박 목걸이, 곰의 털로 만든 팔찌 따위를 몸에 지니고 있으면 해독 효과가 있다는 이야기도 있었다.

13세기의 대학자이자 연금술의 대가였던 빌라노바의 아르날두스는 다음과 같은 기묘한 의견을 피력하고 있다.

"검은 수캐의 담즙에 성수(聖水)를 부어두면 악마의 주술을 피할 수 있다. 집 안에 숫염소를 놓아두면 모든 악귀를 퇴치할 수 있다. 굽거나 찐 까치는 병자로 하여금 신속히 건강을 되찾게 한다."

아르노(아르날두스)는 스튜 요리에 섞여 있는 피나 부패한 물질이 내포하고 있는 위험성에 대해서도 이야기하고 있다. 초기 과학의 합리주의와 마술의 비합리주의가 기묘하게 혼재되어 있다는 점에서 알베르투스 마그누스(Albertus Magnus), 로저 베이컨(Roger Bacon), 라몬 률Ramon Llull, 카탈루냐의 신비주의자, 시인-역주) 등 당대의 대학자들과 비슷하다.

이쯤에서 밝혀두어야 할 사실이 존재한다. 마술사나 유대인, 의사들과 함께 독물학 발전에 은밀히 공헌해온 또 하나의 그룹이 존재했기 때문이다. 당시 의학의 중심은 살레르노(Salerno), 몬테카시노(Monte Cassino), 톨레도(Toledo), 코르도바(Cordoba) 등이었다. 이런 곳에 있던 대학들과 함께 온갖 수도원에서 약용식물을 재배했다는 사실이 훗날 본초학 서적, 즉 식물학 서적을 발달시키는 요인이 되었다.

수도원에서는 식물은 물론 광물이나 동물도 수집했다. 성직에 종사하는 사람들이 해당 종교에 귀의한 환자들의 치료에 직접 나서야 했기 때문이다. 수도원에서 작성된 본초학 서적(식물학 서적)은 대부분 폴리오판(2절지, 세로 40cm, 가로 25cm의 인쇄물-역주) 크기였다. 다수의 삽화가 삽입된 스타일로 르네상스기까지 매우 활발히 만들어졌다.

가장 오래된 것은 이른바 『아풀레이우스 본초서(Herbarium of Apuleius)』였다. 삽화가 들어 있는 필사본으로 10세기 고대 앵글로색슨(영어) 판본이다. 10세기에는 이 밖에도 약학에 대한 세 종류의 식물학 서적이 나왔다. 즉, 『호르투스 데리키아룸(Hortus deliciarum, 쾌락의 정원)』, 『바르드의 의료서』, 『라크눈가(Lacnunga, 치료법, 처방이라는 의미-역주)』 등이다. 마법, 우주론, 액막이 굿, 본초 의학을 혼합한 일종의 백과사전이었다.

이런 서적들에는 몇몇 치졸한 그림이 삽입되곤 했다. 인간의 목에서 커다란 이파리 몇 개가 방사형으로 나 있는 저급한 그림이었다. 이른바 독초의 왕자 만드라고라(맨드레이크)의 형상인데, 이루 말할 수 없는 야릇한 분위기를 자아내고 있다.

『라크눈가』의 글은 일종의 시에 가깝다. 여기서 작가는 아킬레아(Achillea, 톱풀의 일종으로 국화과에 속한다)에 대해 노래하고 있다. 일찍이 트로이 전쟁의 용사 아킬레스가 창에 발라 그 상처를 치료할 때 사

<그림 11> 만드라고라를 뽑는 방법

만드라고라를 뽑은 사람은 곧바로 죽는다고 한다. 따라서 이것을 캐려면 우선 그 뿌리를 어느 정도 파내 밧줄로 묶은 다음, 밧줄 끝에 개를 묶는다. 즉 고기로 유인해 개로 하여금 뽑게 하는 것이다. 뽑힐 때 강한 쇳소리를 낸다는 만드라고라를 땅에서 뽑아낸 후, 개는 고통 속에서 죽음을 맞이한다. 『신기한 이야기』(포에치오, 1560년)에서 발췌

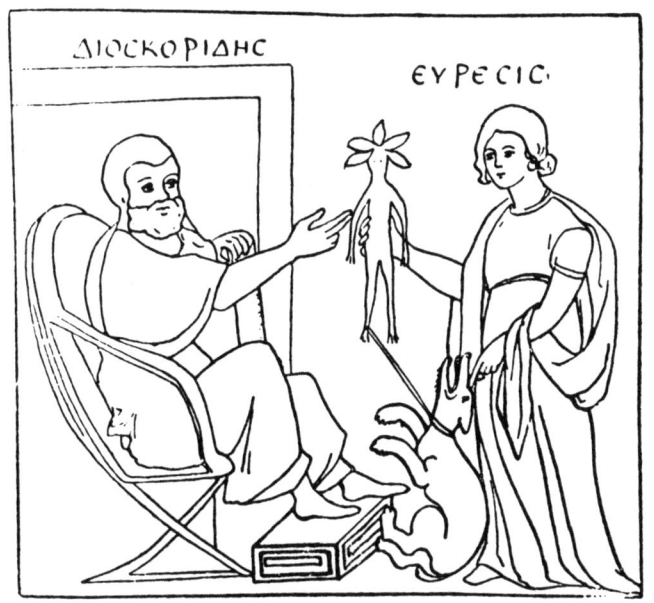

<그림 12> 여자 요술사가 의사 디오스코리데스(Pedanius Dioscorides)에게 만드라고라를 바치는 그림. 희생양이 된 개와 밧줄로 이어져 있다. 6세기의 필사본에서 발췌

용했던 풀이다. 잠시 인용해보겠다.

> 가장 오래된 풀이여.
> 너는 세 가지 풀에 맞먹는 힘을 갖고 있으며,
> 하늘을 나는 것의 (벌레를 의미)
> 독에 대항하는
> 서른 배의 힘을 가지고 있도다.
> 이 나라를 헤매고 다니는
> 온갖 독물에 대항할 힘이 있도다.

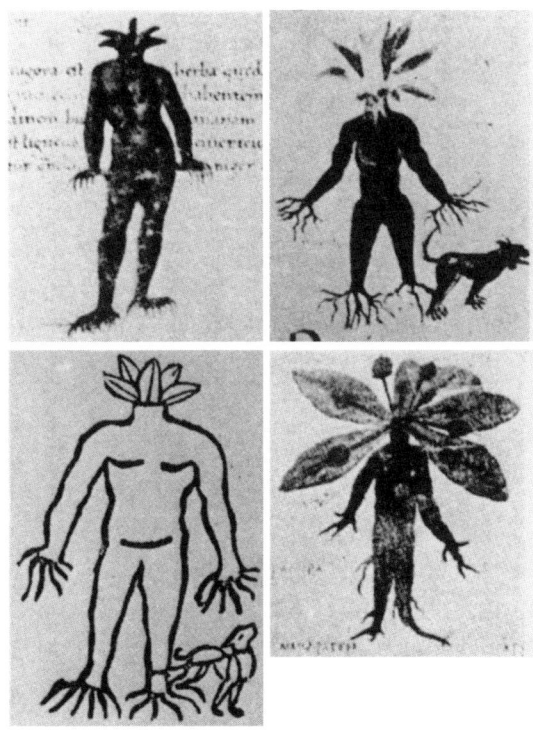

<그림 13> 만드라고라의 그림 4종

 신비로운 만드라고라(Mandragora, 맨드레이크)는 고대인들에게 최면제나 토사제로 귀중하게 여겨지던 식물들 중 가장 유서가 깊다. 아마도 페르시아에서 그리스로, 그리스에서 지중해의 섬나라들로 전파된 식물로, 길고 가느다란 형태의 음산한 뿌리를 지니고 있다. 이 뿌리는 묘하게도 어딘지 모르게 사람의 형상을 환기시키곤 했고, 특히 노란 빛깔이 감도는 붉고 향긋한 열매가 더더욱 신비스러움을 자아내면서 인기를 누렸던 것으로 추정된다. 현재는 이 식물에서

히오스신(Hyoscine)과 스코폴라민(scopolamine)이라는 두 종류의 맹독성 알칼로이드가 발견되었다. 결국 화학자들이 이런 사실을 발견하기 수천 년 전부터 인류는 이미 이 액즙을 최면제로 이용했던 셈이다.

  이 식물이 가진 독성을 이용해 외과수술을 할 때 클로로포름 등처럼 이용하기도 했다. 유명한 『군주론』의 저자 마키아벨리는 만년에 《맨드레이크(La Mandragola)》라는 희곡을 썼는데, 이는 이 독약으로 온갖 악인들이 갖가지 농간을 부린다는 내용의 연극이었다.

보르자 가문의 천재

<그림 14> 15세기의 약국. 페테르의 『고대약학사』에서 발췌

니체와 부르크하르트(Jacob Burckhardt)가 찬탄을 금치 못했던 인물이 있었다. 르네상스 시대를 누빈 가장 전형적인 '권모술수형 군주'로 꼽을 수 있는 괴물, 체사레 보르자(Cesare Borgia, 1475~1507년)였다. 그는 역사와 문화의 퇴폐기에 곧잘 등장하는 광기 어린 황제, 예술을 애호한 전제군주, 탐미적 독재자 부류 가운데서도 특히 나의 공감을 강하게 이끌었던 인물이었다.

권력욕, 배신, 암살로 점철된 눈부시고 대담무쌍한 그의 생애는 마키아벨리로 하여금 그 유명한 『군주론』을 쓰게 만들었고, '마키아벨리즘'이라는 말과 함께 후세에 오래도록 살아남았다.

언젠가는 이 매력적인 인물에 대해 상세한 전기를 쓸 작정이지만, 이번에는 일단 가장 세련된 상습적 독살가로서의 체사레의 면모와 함께 보르자 가문에 얽힌 너무도 유명한 독살사건에 대해 간단하게 소개하는 것에서 그치기로 하겠다.

독자들은 어쩌면 크리스티앙 자크(Christian Jaque) 감독의 《루크레치아 보르자(LUCRECE BORGIA)》(일본어 영화명은 '보르자 가문의 독약'-역주)라는 영화를 기억하실지도 모른다. 영화 속에서 체사레 역할은 스페인의 명배우 페드로 아르멘다리스(Pedro Armendáriz), 그의 여동생인 루크레치아 역은 개인적으로 너무나 좋아하는 프랑스 여배우 마르티네 캐롤(Martine Carol)이 맡았다. 가장 인상적인 장면은 로마의 카니발(사육제)이 화려하게 열리던 밤, 기다란 망토를 걸치고 보라색 가면으로 얼굴을 가린 채 루크레치아가 창부처럼 거리를 요염하게 거닐던 매혹적인 장면이다. 호신용 단검을 품고 있던 창부 루크레

<그림 15> 조르조네(Giorgione)가 그린 체사레 보르자의 초상

치아는 끓어오르는 욕정을 억제하지 못한 채 혼잡한 밤거리의 속에서 낯선 사내의 품을 찾아 비틀거리듯 걷고 있었다.

루크레치아는 실제로 음란한 여성이었을까. 최근에 나온 학자들의 설에 의하면 루크레치아에 대한 묘사에 미심쩍은 부분도 많고 확실한 근거도 없는 모양이지만, 사실 이는 당시의 이탈리아 '참주' 들이 자주 했던 행동이다. 체사레도 한밤중에 호위병을 거느리고 공포에 떠는 로마 거리를 굶주린 늑대처럼 배회하곤 했다. 부르크하르트의 설에 의하면, 이는 단순히 민중에게 얼굴을 감추려던 의

도만이 아니라 그의 미친 살인욕, 독살의 욕망을 만족시키려는 측면도 있었다.

보르자 가문과 함께, 독이 개인적인 복수나 정치적인 열정의 무기가 되었다는 사실을 알 수 있다.

체사레의 아버지는 스페인 출신의 로드리고 보르자(Rodrigo Borgia), 즉 로마 교황 알렉산데르 6세(Alexander VI)였다. 권력욕이 강했고 탐욕스러웠던 인물이다. 체사레는 그의 서자였다. 극악무도했던 이 부자야말로 그토록 흉흉했던 보르자 가문의 명성을 일거에 드높였던 인물들이다. 이들을 통해 독약과 관련된 보르자 가문의 악명이 세간에 널리 알려지게 되었다.

우선 아버지 알렉산데르 6세는 체사레와 공모해 온갖 나쁜 짓을 저지르기 전, 오스만제국의 술탄 바예지트 2세(Bayazit II)의 동생 젬(Cem)을 독살했다. 술탄인 형에게 미움받고 있던 젬은 오스만에서 유럽으로 건너온 뒤 각지를 전전하다가 마침내 로마 궁정에서 안주할 곳을 찾았다. 그러나 당시 콘스탄티노플 공략을 꿈꾸고 있던 프랑스 왕 샤를 8세는 이 젊은 튀르키에 왕자의 몸값을 치르고 그의 신병을 인수하겠노라고 교황에게 제의했다.

그런데 교황은 프랑스 왕의 요구를 수락해 돈까지 다 받았으면서도, 회교국가 왕인 바예지트 2세의 비위를 건드리고 싶지 않았는지, 프랑스 왕에게 왕자를 건네기 전, 효과가 서서히 나타나는 달콤한 독약을 음료에 몰래 섞어 젬에게 마시게 했다. 나폴리에 도착한 젬은 프랑스 군대의 수중으로 넘어가자마자 곧바로 숨을 거두고 말았다(1495년). 이것이 첫 번째 독살이었다.

이후 교황은 아들인 체사레와 함께 로마의 추기경을 몇 명이나 살해하고 그들의 재산을 잇따라 빼앗았다. 참으로 유례를 찾아보기 힘든 교황이었다.

1498년 교황청 관리가 된 유대인 개종자 페드로 다랜더는 성직매매 혐의로 고발을 당한 지 2년 만에 산탄젤로성(Castel Sant' Angelo)의 지하 감옥에서 목숨을 잃었다. 추기경인 미카엘, 몬레알, 제노, 페라리 등도 똑같이 방식으로 독살당한 것으로 추정된다. 1503년에는 추기경 바티스타 오르시니가 재산을 모조리 박탈당한 후 오랜 투병 생활 끝에 석연치 않은 죽음을 맞이했다. 그와 가까웠던 의사는 자연사라는 진단을 내렸지만 이를 믿는 사람은 아무도 없었다.

체사레의 형인 간디아 공(Duke of Gandia, 조반니 보르자)이 로마 시내를 흐르는 테베레강에서 온몸에 아홉 군데나 칼에 찔린 자국이 있는 시체로 그물에 건져졌을 때도, 세간에서는 동생 체사레의 소행이 틀림없다는 흉흉한 소문이 떠돌았다. 여동생 루크레치아를 둘러싼 비윤리적 근친상간 때문이라는 풍문이었다.

우리로서는 진위를 확인할 길이 없다. 그러나 체사레가 여동생 루크레치아한테 지나치게 집착했기 때문에 루크레치아의 남편이나 애인은 자칫 목숨을 빼앗길 수도 있다는 이야기가 이미 당시부터 세간에 자자했던 상황이다.

그녀의 첫 남편 조반니 스포르차(Giovanni Sforza)도 체사레의 명령으로 독살당할 뻔했지만 루크레치아가 은밀히 귀띔을 해준 덕분에 위기일발의 순간에 말을 타고 황급히 도시 바깥으로 탈출할 수 있었다.

스페인인으로 교황의 시종이었던 페드로 칼데스(Pedro Caldes)도 체사레에 의해 살해당했다. '루크레치아의 명예를 훼손시키는 행위를 저질렀다'는 것이 표면적인 이유였으나, 기실은 루크레치아가 그의 아이를 잉태한 탓에 살해당했다고 한다.

그녀의 두 번째 남편이 된 아라곤가의 서자 알폰소 공(Alphonso d'Aragon)도 결혼한 지 1년쯤 지난 어느 날, 바티칸 궁전에서 나오다가 무장 병사들의 습격을 받아 중상을 입고 빈사 상태에 빠졌다. 1개월 동안 생사를 오락가락하던 끝에 그는 결국 병상에서 스스로 목을 매 자살했다. 그는 아직 19세밖에 되지 않은 미소년으로, 루크레치아는 그에게 진심으로 푹 빠져 있었다고 한다.

온갖 소문이 무성하지만 음란한 여성이었다는 루크레치아의 이야기는 이 정도로 하자.

한편 보르자 가문의 독약은 어떤 성질의 독약이었고, 어떤 조합 방식으로 만들어졌을까. 이 점에 대해서는 그토록 박학다식했던 부르크하르트조차 '눈처럼 희고 맛도 좋은 가루약'이라고 표현할 뿐 더 이상의 명확한 내용을 전해주지 못했다. 어쨌거나 그들이 중세부터 이어진 풍부한 독약 지식을 갖추고 있었고, 여기에 어떤 새로운 발견을 가미해 프토마인(ptomaine, 동물의 시체가 부패할 때 단백질 분해 과정에서 생기는 유독성 염기 화합물-역주)의 조합법을 완성했다는 사실에는 의심의 여지가 없다.

<그림 16> 15세기의 약국. 페테르의 『고대약학사』에서 발췌

예로부터 프토마인은 오로지 두꺼비의 폐에서만 채취되었다. 그들이 원료로 사용한 것은 거꾸로 매단 상태로 때려 죽인 돼지 내장에 아비산(비소)을 첨가한 것으로 추정된다. 이것을 부패시켜 건조시키거나 액체로 만들어 정제한 것이 이른바 '칸타렐라'라는 독약이었다.

이 독약은 라틴어로 베네눔 아템페라툼(효과가 서서히 나타나는 독)이라고 불렸다. 이름처럼 아주 서서히 장기간에 걸쳐 효과를 발휘하는가 하면, 조합법에 따라서는 순식간에 생명을 앗아가는 경우도 있었다.

빅토르 위고의 비극《루크레치아 보르자》에 나오는 인물 중 한 사람은 다음과 같이 말하고 있다.

"그렇고 말고. 보르자 가문의 독약은 그들이 원하는 대로 상대를 하루 만에 죽일 수도 있고, 한 달 만에 죽일 수도 있고, 혹은 1년 걸려 죽게 할 수도 있어. 술에 넣으면 맛이 좋아져서 자기도 모르게 입맛을 다시며 단숨에 털어버리지. 그리곤 취기가 오른 상태로 죽어버리는 거야. 경우에 따라서는 갑자기 나른해지면서 피부에 주름이 생기고, 눈이 푹 꺼지고, 머리칼이 새하얗게 되고, 이가 빠지기도 해. 그렇게 되면 걷지도 못하고 땅바닥을 기는 형국이라고. 호흡이 가빠지면서 숨이 차지. 웃지도 못하고 잠들지도 못한 채 한낮인데도 부들부들 오한이 나. 그리고 한동안 사경을 헤매다가 결국 죽어버리지. 죽기 직전에야 비로소 6개월 전이나 1년 전 어느 날, 보르자 가문에서 술을 마셨던 일을 떠올리게 될 거야."

이토록 무시무시한 '칸타렐라'의 어원에 대해서는 다양한 설이 있다. 볼테르(Voltaire)의 『철학사전(Dictionnaire philosophique)』에서는 이 독약과 17세기에 발견된 '아쿠아 토파나(Aqua Tofana)'를 혼동하고 있다('아쿠아 토파나'에 대해서는 나중에 상세히 설명한다).

19세기의 독물학자 플랑댕에 의하면 칸타레(cantare)는 이탈리아어로 '노래를 부르게 만들다'라는 의미다. 요컨대 '협박하여 빼앗다'라는 의미에서 독을 마시게 함으로써 '금품을 갈취하다'라는 뉘앙스가 포함되어 있다고 한다.

그 밖에 '칸타렐라'는 '칸타리스(반묘[斑猫]에서 채취한 분말)'에서 유래한다는 설도 있고, 라틴어 '칸타레루스(작은 잔)'를 암시한다는 의견도 있다. 이는 보르자 가문에서 연회 때마다 적을 위해 독이 든 작은 술잔을 준비했기 때문이라고 한다.

보르자 가문의 폭정에 원한을 품고 반대로 그들을 독살하려던 사람들도 많았다. 말리니라는 이름을 가진 농부는 바티칸 궁전 근처의 우물에 독을 뿌렸다. 어떤 음악가와 교황의 시종은 서로 공모해 독약이 스며든 편지를 알렉산데르 6세에게 보냈다.

하지만 음모는 모조리 발각되었고, 보르자 가문의 악행은 갈수록 심해졌다.

그런데 사소한 실책으로 교황과 체사레는 궁지에 빠졌고, 이 일로 말미암아 체사레의 아버지는 결국 목숨을 잃게 되었다. 사건의 정황을 살펴보면 다음과 같다.

1503년 8월 5일, 교황과 체사레는 광활한 토지와 근사한 포도원을 소유하고 있던 추기경 아드리아노 다코르네트라는 인물의 초대를 받아 그의 저택으로 식사를 하러 갔다. 찌는 듯 더운 여름철이라 갈증이 난 두 사람은 저택에 도착하자마자 차가운 물을 달라고 해서 들이켰다. 그때 어찌 된 영문인지, 교황의 하인이 실수로 그들의 컵에 독약을 넣어버렸다. 물론 독약은 그들이 추기경을 죽이기 위해 은밀히 준비해온 것이었다.

그러나 이상은 역사가 구이차르디니(Francesco Guicciardini)의 억측에 불과하다. 어쩌면 반대로 추기경 측이 보르자 부자를 일거에 죽일 작정이었을지도 모른다. 실제로 그렇게 주장하는 역사가도 존재한다. 어쨌든 이것은 잔혹한 역사적 수수께끼이기 때문에 쉽사리 단정을 내릴 수 있는 사안은 아니었다.

끔찍스러운 일이다. 교황과 체사레가 마신 독은 닷새 후부터 효과가 드러나기 시작하는 바로 그 칸타렐라였다.

교황의 용태는 8월 16일부터 17일에 걸쳐 급격히 악화되었다. 그는 일이 꼬여 본인이 독을 마시게 되었다는 사실을 알고 있었을까. 8월 18일 죽음에 이를 때까지, 그는 그 점에 관한 의문을 가족이나 측근 누구에게도 일절 털어놓지 않았다. 어쩌면 알고 있으면서도 굳이 발설하지 않고 모든 것을 체념한 상태였을지도 모른다. 인과응보란 이런 것을 두고 하는 말일까.

여름철이었기 때문에 교황의 유해는 삽시간에 부패되어 차마 눈 뜨고 볼 수 없을 정도로 처참하게 부풀어 올랐다. 비소에 의한 죽음은 시체를 그 정도까지 팽창시키지는 않기 때문에 어쩌면 다른 독이었을지도 모른다. 혹은 독이 아니라 설사나 다른 악성 전염병이었을지도 모를 일이다.

만토바 후작(프란체스코 2세[Francesco II] 곤차가)이 그의 아내 이사벨라(이사벨라 데스테[Isabella d'Este])에게 보낸 편지를 보자.

"교황의 유해는 심히 부패해 마치 불에 올려놓은 냄비처럼 그 입에서는 부글부글 거품이 분출되기 시작했다. 그런 상태가 너무 오래 지속되었기 때문에 도저히 매장조차 하지 못할 지경이었다. 유해는 무서우리만치 부풀어 올라 이미 육안으로 형태가 식별되지 않을 정도였다. 차마 인간의 형상이라고 생각할 수 없을 지경이었다. 인부가 그 발을 새끼줄로 묶어 묘지까지 끌고 갔다. 도저히 손으로 만질 수 없었기 때문이었다…."

한편 함께 독에 노출되었던 체사레의 상태도 몹시 위태로워 보였다. 사람들은 고열에 덜덜 떠는 그를 차가운 물통 속에 넣어주었다. 일설에 의하면 그는 살아 있는 암노새의 배를 갈라 그 태내로 들어가, 뜨겁고 걸쭉한 피와 내장에 몸을 푹 담갔다고 한다. 고대로부터 전해오는 일종의 해독법이다.

덕분에 그는 가까스로 목숨만은 건질 수 있었다. 그러나 머리칼은 모조리 빠져버렸고, 얼굴도 추하게 변해버렸다고 한다. 예전에는 턱수염이 덥수룩했고, 보기 드물게 훤칠했던 미남이었다.

이후 운명의 여신은 체사레에게 더 이상 미소 짓지 않았다.

알렉산데르 6세의 죽음과 체사레 본인의 발병으로 보르자 가문에 최후의 위기가 닥쳐왔다. 연맹한 적들이 로마로 진격해 들어왔고, 세력을 잃은 체사레는 적에게 붙잡혀 스페인으로 보내졌다. 이후 나바라로 도망갔지만 권토중래의 야망도 덧없이 무너지며, 비아나(Viana)의 포위전에서 적의 칼에 찔리는 최후를 맞이했다.

여기서 잠깐, 체사레와 루크레치아를 위한 변명을 해두고 싶은 점이 있다. 보르자 가문의 사람들은 모두 잔인한 독약 애호가였지만 동시에 세련된 문화인이자 예술의 보호자이기도 했다.

루크레치아는 페라라 공작과의 세 번째 결혼으로 품격 있는 문화적 분위기가 감돌던 에스테 가문의 일원이 되었다. 루크레치아는 르네상스 시대의 귀부인답게 시인인 루도비코 아리오스토(Ludovico Ariosto), 벰보(Pietro Bembo), 화가 티치아노 베첼리오(Tiziano Vecellio)

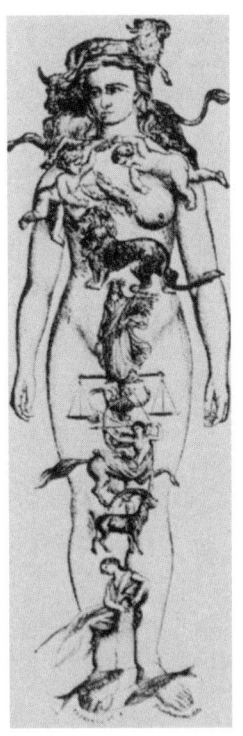

<그림 17> 인체와 수대(황도대, 황도 12궁)

등을 초청해 그들과 예술에 대해 이야기하고 직접 시를 쓰기도 했다.

오라버니인 체사레도 볼로냐(Bologna) 전투에서 군 건축과 기술 책임자로 레오나르도 다빈치를 고용하거나, 마키아벨리나 미켈란젤로와 가까운 벗으로 교류했다.

다소 기교적인 표현으로 설명해보자면, 문화의 세련됨과 살인의 세련됨은 필시 어느 시대에서든 비슷한 수준으로 병행해 달성되는 모양이다. 독약에 대한 열광은 결코 보르자 가문에만 존재했던 기이한 취향이 아니라, 당시 이탈리아 상류계급 사이에서 매우 일반화된 풍조이기도 했다.

예를 들면 다수의 고전학자들을 주위에 불러들였고 본인도 일류 호사가였던 리미니(Rimini) 지역 가문의 전제군주 시지스몬도 말라테스타(Sigismondo Malatesta)의 궁정에서도 간통한 아내나 딸은 가차 없이 독살되었다. 피렌체의 메디치 가문에서도 품행이 단정치 못한 여자를 독살하는 사건쯤은 일상다반사였다고 전해진다.

독살과 음모를 무기로 권력을 향한 계단을 한달음에 뛰어올라 마침내 메디치 가문 프란체스코(Francesco I, 투스카니 대공)의 애인이라는 지위를 거머쥐었던, 재색을 겸비한 비앙카 카펠로(Bianca Cappello)도 마지막에는 음독자살로 생을 마감했다.

사벨리(Savelli) 가문에서는 비소를 발라둔 열쇠를 사용했다. 반지에 박힌 두 개의 보석 사이에 미세한 주사기를 장치해놓고, 유사시에 독약이 튀어나오도록 만들어놓은 것도 있었다.

페라라(Ferrara)에 위치한 에스테 가문을 섬겼던 시인 타소(Torquato Tasso)는 마술을 신봉했다. 그런 탓인지 주변에 언제나 주술사나 적들이 존재한다는 강박관념에 사로잡혀, 결국 신경쇠약 증세를 보이다가 종당에는 잼 안에도 독이 들어 있다고 생각했다.

미란돌라(Mirandola)시의 부유한 피코(Pico) 가문에서 태어난 신비주의 철학자 조반니(Giovanni)도 독살당했다. 비서가 주인의 돈을 훔치려고 독을 넣었던 것이다.

마지막으로 율리우스 2세의 뒤를 이은 메디치 가문의 교황 레오 10세도 1521년에 독살당했다. …

그렇다고 이탈리아의 독살자들이 그 활동 범위를 국내로만 한정했던 것은 아니었다. 그들은 국경을 뛰어넘어 카를 5세(Karl V)와 프랑수아 1세의 군대에 가담해 유럽 전역의 거의 모든 궁정에 뿌리를 내렸다. 이탈리아식 독살 방식은 멀리 러시아에까지 퍼져 이반 4세(Ivan IV)가 이것을 이용했다.

귀신론자 요한 바이어(Johann Weyer)는 『악마와 마술사와 독살자의 환영 및 속임수에 관한 이야기, 논쟁 및 담화』라는 책에서 16세기 후반에 발생한 무수한 독살사건들에 대해 기록하고 있다.

불로뉴(boulogne)에서 비소가 든 술통 때문에 두 사람이 죽은 사건, 어떤 사내가 칸타리스로 장모를 살해한 사건, 여자들이 자기 남편으로 하여금 승홍(염화수은) 혹은 수은을 다량 마시게 하여 목숨을 빼앗은 사건 등을 들 수 있다.

프랑스 클레브 공작의 의사 요한 바이어는 여주인에게 비소를 마시게 한 15세의 하녀를 무기징역에 처하게 하려고 개인적으로 재판에 관여한 적도 있었다. 그때 그는 비소가 들어간 닭고기 수프를 직접 먹어 특유의 금속성 미각을 확인했다고 한다. 물론 곧바로 강력한 해독제를 투여했기 때문에 목숨을 잃지는 않았다. 유감스럽게도 그가 먹은 해독제의 이름은 현재 전해지지 않는다.

1577년경 스웨덴 왕 에리크 14세(Erik XIV)는 콩 수프를 먹고 사망했다. 소문에 의하면 죽은 왕의 뒤를 이은 동생이 지극히 교묘한 방법으로 수프에 비소를 넣었기 때문이라고 한다. 사람들은 그렇게 믿었다.

 1958년에 올슨 교수라는 학자가 왕의 무덤을 파헤쳐 정말로 에리크 14세가 공식적인 사인대로 위궤양 때문에 사망한 것인지, 아니면 소문처럼 독물을 삼키고 죽었는지 의학적으로 검사해보았다.

 그 결과 교수가 발표한 바에 따르면, 방부 처리를 한 왕의 유해에서 극소량의 비소가 틀림없이 검출되었다는 사실이 인정되었다. 놀랍게도 약 400년 전 노출된 독약이 피부와 뼈, 모발에 남아 있었기 때문이다!

성 바르톨로메오 축일의 밤

<그림 18> 15세기의 약국. 위그노 교도 학살 그림

이탈리아에서 독약과 관련된 악명으로 가문의 명성을 드높였던 것이 보르자 가문의 사람들이었다면, 프랑스에서 이와 비슷한 역할을 맡았던 것은 카트린 드메디시스(Catherine de Medicis, 1519~1589)를 중심으로 한 발루아(Valois) 왕조의 궁정이었다.

"르네상스기의 남녀는 동물적인 격정을 지니고 있어 심적 배려가 육체적 움직임을 결코 제어하지 못했다. 그들은 훌륭한 가톨릭 교도이면서도 외출할 때는 반드시 허리춤에 비수를 차곤 했다. 앙리 2세와 카트린 드메디시스의 결혼은 이탈리아 궁정의 모략이나 결코 처벌받지 않는 살인, 미심쩍은 결투, 독을 뿌린 장갑 착용 습관 등을 프랑스에 도입시켰다"(『프랑스사』)라고 앙드레 모루아(André Maurois, 20세기 프랑스의 전기작가, 소설가-역주)가 언급한 대로였다.

피렌체의 명문 메디치 가문에서 프랑스 왕가로 시집온 카트린은 미신을 맹신하는 병적인 기질을 지닌 여성이었다. 마술사나 연금술사, 점성학자, 향수제조가 등 온갖 미심쩍은 인물들을 가까이했고, 훗날에는 종종 음란한 흑미사에도 빠져 살았다고 한다. 오랜 세월에 걸쳐 남편 앙리 2세로부터 괄시를 받았기 때문에 히스테릭해진 측면도 다분했을 것이다(앙리 2세는 자신보다 18세나 연상인 과부 디안 드푸아티에[Diane de Poitiers]를 열렬히 사랑해 늘 그녀와 함께 지냈다).

측근에 있던 하인들이나 미소년 시동들을 채찍으로 때리며 가학적인 만족을 얻으려던 행동도, 독약이나 자객들의 존재가 일상다반사였던 피렌체에서 성장한 카트린에게는 매우 자연스러운 일이었을 것이다. 명망 높은 성 병리학자 크라프트에빙(Krafft-Ebing)의 학

<그림 19> 카트린 드메디시스(Catherine de Medicis)의 악마 예배. 마법의 거울에 미래가 드러나 있다.

설에 의하면 성 바르톨로메오 대학살 역시 그녀의 도착적인 성적 본능을 만족시키기 위해 이루어진 대대적인 음락 살인(phonomania sexualis)에 불과하다고 한다.

카트린 드메디시스의 궁정에서 가장 명성을 날렸던 주술사는 피렌체에서 태어난 코시모 루게리(Cosimo Ruggeri, 코시모 루지에리[Cosimo Ruggieri]라고도 함-역주)였고 가장 유명한 점성박사는 그녀가 세 아들의 운명을 점치게 했던 노스트라다무스(Nostradamus)였다.

그녀가 파리에 세운 궁전은 '여왕관'이라고 불렸다. 정원에는 기묘한 건조물도 세워져 있었다. 꼭대기에 마치 지구본 같은 구를 얹은 두꺼운 원기둥 형상의 건조물이었다. 원기둥 안에는 나선형 계단이 설치되어 있었고, 기둥의 상층부는 토스카나 양식, 기저부는 도리아 양식, 그리고 기둥 자체에는 18줄의 세로 홈이 나 있었다.

기둥의 홈 사이로 왕관이나 백합꽃, 동물의 뿔, 깨진 거울, 8자형으로 묶인 장신구, 다양한 마술적 상징물들이 빼곡히 새겨져 있었다. 루이 15세 시대에는 원기둥 상층부에 해시계가 설치되어 있었고, 그 주위로 샘이 존재했다. 이 기묘한 건조물은 지금도 파리에 남아 있다.

정도의 차이는 있겠지만, 마술을 애호하는 도착적인 성향은 그녀의 세 아들인 프랑수아 2세, 샤를 9세, 앙리 3세 등의 기질에서도 고스란히 발견된다. 결국 그녀를 중심으로 발루아 왕조는 비밀스럽고 퇴폐적인 다수의 피비린내 나는 참극을 벌이게 되었다.

프랑스 왕가가 군림하던 루브르 궁전은 독약의 위협으로 가득 차 있었다. 이런 사실을 보여주는 좋은 사례로 앙리 4세의 에피소드를 꼽을 수 있다. 훗날 부르봉 왕조의 시조가 된 앙리 4세(당시의 나바라 왕)는 항상 센강에서 손수 물을 길어 자신의 방에서 직접 달걀을 삶아 먹었다고 한다.

14세의 나이로 스코틀랜드 왕녀 메리 스튜어트와 결혼해 15세에 왕위에 올랐던 프랑수아 2세(카트린 드메디시스의 장남)는 어느 날 교회 안에서 갑작스러운 고열에 괴로워하다가 결국 숨을 거두고 말았다.

이 괴이한 사건은 복잡한 정치적 음모나 노스트라다무스의 예언 따위와 얽히고설켜서 지금까지도 풀리지 않는 역사적 수수께끼로 남아 있다.

프랑수아 2세는 태생적으로 허약했고 선병질 기미를 보였다. 어

<그림 20> 카트린 드메디시스(Catherine de Medicis)의 부적. 앞과 뒤

릴 적부터 종기나 설사, 만성중이염에 시달렸기 때문에 성격이 어두웠고 말수도 적은 데다가, 거의 정신박약에 가까웠다. 여러모로 부족한 아들이었다.

19세기 말 포티케 박사가 면밀하게 분석하고 연구한 바에 따르면, 젊은 왕은 아데노이드(아데노이드는 인두편도를 가리키나, 인두편도가 비정상으로 커지는 '아데노이드 비대증'의 의미로도 통용됨-역주) 증상으로 왼쪽 귀에 중이염을 앓다가 사망한 것으로 추정되었다. 하지만 사망 직후 왕의 급작스러운 죽음에 대해 의구심이 생겨나 많은 사람들이 독살범으로 추정되곤 했다.

이미 종교전쟁은 시작되고 있었고(1560년), 서로 대립하던 신교와 구교 양 진영 내에 종종 암살자의 불길한 검은 그림자가 어른거렸다. 일단 왕의 하수인이라는 명목으로 암살자로 의심받은 사람들은 친어머니인 카트린과 스코틀랜드에서 온 젊은 왕비 메리였다. 궁정

소속 외과의로 명성을 떨쳤던 앙브루아즈 파레(Ambroise Pare)도 당시 이미 프로테스탄트 측을 동정하고 있었기 때문에 직무를 이용해 왕의 생명을 단축시킨 게 아니냐는 누명을 쓰는 처지에 놓였다.

구교 측의 거물 로렌 추기경(기즈 공)의 가정교사 출신이었던 보케르 드페기온 같은 사람은 온화한 성품을 가진 외과의 파레가 기즈 가문의 반대파인 몽모랑시(Montmorency) 일족과 손을 잡고 마치 연극 《햄릿》에서처럼 어리석은 왕의 귀에 독물을 부어 넣었다는 소문까지 퍼뜨렸다(자크오귀스테 드타우[Jacques-Auguste de Thou], 『역사』 제26권에 의함). 평소엔 온후하기 그지없던 앙브루아즈 파레도 독살을 둘러싸고 온갖 망상이 횡행하는 분위기에 얼마나 진저리를 쳤는지, 보기 드물게 격렬한 어조로 "장차 독약을 다룰 인간이 될 사람이라면 아예 태어나기 전에 어머니 뱃속에서 없애버리는 편이 나을 것이다"라고 술회했을 정도다.

카트린 드메디시스와 그녀의 세 아들을 중심으로 한 16세기 중엽 이후의 프랑스, 그 복잡하고도 기괴한 정세는 프로스페르 메리메(Prosper Mérimée)의 『샤를 9세 연대기(Chronique du règne de Charles IX)』와 발자크의 『카트린 드메디시스』 등 19세기 소설가들의 손에 의해 상세하게 묘사되고 있다. 그에 따르면 실로 끔찍했던 종교전쟁의 신음과 총성, 화형대의 화염, 심지어 악마 예배와 독약의 남용이 그토록 화려했던 발루아 왕조의 어두운 배경에 씻을 수 없는 오점처럼 깊숙이 배어들어가 있었다. 육체적으로나 정신적으로 불구나 다름없던 왕들이 잇따라 비참한 말로를 맞이했다는 사실도, 음산한 흑미사나 노스트라다무스의 예언 따위와 얽히고설켜 불길한 숙명 같은 것을 느끼게 해준다.

왕의 어머니인 카트린에게 독약을 제공했던 악랄한 향료 상인은 도둑질이나 살인을 수없이 저질러왔던 르네 비앙코라는 기괴한 사내였다. 성 바르톨로메오 대학살을 계기로 일약 유명해진 그는 장갑이나 목걸이에 독이 스며들게 하는 방법을 프랑스 궁전에 도입시켰다.

훗날 그 아들이 앙리 4세가 되는 나바라의 여왕 잔 달브레(Jeanne d'Albret)도 독약이 스며든 르네 비앙코의 장갑을 카트린에게 선물로 받았을까? 그녀는 아들 앙리와 마르그리트 드프랑스(마르그리트 드발루아[Marguerite de Valois], 카트린의 딸로 훗날 여왕 마고[La Reine Margot]라는 명칭으로 잘 알려진 음탕한 왕비)의 결혼식에 참석하기 위해 파리에 왔는데, 도착한 지 6주 만에 갑자기 세상을 떠났다. 오랫동안 결핵을 앓고 있긴 했지만, 카트린에게 원한을 품었던 위그노 무리는 잔 달브레가 독살당한 것이 분명하다며 그녀를 비난했다.

카트린은 가장 애지중지했던 셋째 아들(훗날의 앙리 3세)에게 권좌를 넘겨주기 위해 장남 프랑수아 2세의 뒤를 이어 왕위에 오른 차남 샤를 9세의 살해 계획을 세웠다고도 전해진다.

브랑톰(Brantôme)에 의하면, 샤를 9세는 "사람을 오랫동안 초췌하게 만들다가 결국 촛불이 꺼지듯 절명하게 만드는" 군소(sea hare, 플리니우스 이래로 실존한다고 여겨져왔던 상상 속의 동물. 물에 서식한다고 함)의 뿔을 갈아 만든 가루를 어머니에게 받아먹고 나서 죽었다고 한다.

이렇게 그가 죽자, 폴란드로 보내졌던 막내아들 앙리 3세는 어머니의 명에 의해 즉각 왕의 자리에 올랐다.

앞서 9세의 나이로 즉위했던 샤를 9세는 역시 발루아 가문의 인물답게 몸도 허약했고 빈둥거리는 성격에다 마치 미치광이를 연상케 하는 온갖 기행에 빠져 일찌감치 조로와 결핵의 징후를 보이고 있었다.

왕의 어머니는 필시 아들의 이런 무절제한 방탕이 종당엔 왕국을 파멸로 이끌 거라고 내심 우려했을 것이다. 사실 샤를 9세는 성 바르톨로메오 대학살 이후 밤마다 악몽에 시달리는 노이로제에 걸린 탓에, 어떻게든 악몽에서 벗어나기 위해 몸을 축낼 정도로 쾌락에 몰두하게 되었다. 독살을 의심케 하는 유력한 증거는, 죽기 얼마 전부터 그의 얼굴에 기묘한 반점이 생기기 시작했고 잠을 자면서 피가 섞인 식은땀을 흘렸다는 사실이다. 그는 1574년 어머니의 품에 안긴 채 24세라는 젊은 나이로 세상을 떠났다.

그러나 실은 그 이전에도 샤를 9세를 대상으로 한 독살미수 사건이 일어난 적이 있었다. 악마 예배에 빠져 있던 궁정 신하 라몰(Joseph Boniface de La Môle)과 안니발 드코코나스(Annibal de Coconas)가 샤를 9세 사후 알랑송 공작을 왕으로 내세울 음모를 꾸미다가 발각된 적이 있었다. 이 사건에 대한 재판 과정에서 뜻밖의 사실이 드러났다. 음모가들이 앞서 언급된 바 있는 주술사 코시모 루게리(Cosimo Ruggeri, 코시모 루지에리[Cosimo Ruggieri]라고도 함-역주)를 끌어들여 그에게 밀랍 인형을 만들게 한 다음 그 심장에 바늘로 사정없이 구멍을 뚫는 주술로 샤를 9세의 죽음을 앞당기려고 했다는 것이다. 그야말로 중세로 되돌아간 것 같은 기괴한 이야기다.

라몰과 드코코나스는 즉각 왕의 명령으로 참수당했다. 그러나 샤를 9세는 카트린의 총애를 받고 있던 주술사 루게리까지는 차마 어떻게 할 수 없었는지, 죽어 마땅할 죄를 지었으나 결국 그 죄를 경감해 노를 젓는 형벌을 부과하는 선에서 마무리했다. 훗날 루게리는 샤를 9세가 죽은 후 왕의 어머니로부터 형을 면제받고 다시 궁정으로 돌아와 활약했다고 전해진다.

1589년 카트린은 세상을 떠난다. 그러나 이후에도 독약 기술자들은 결코 한가할 틈이 없었다. 그들은 온갖 수단과 방법을 동원해 신교로 개종한 부르봉 왕조의 창시자 앙리 4세를 공격하도록 요구받았다. 뒤롤의 『기묘한 역사』(1825년)에 의하면, 앙리 4세는 무려 열일곱 번이나 암살의 위기를 가까스로 넘겼다고 한다.

예를 들면 1600년, 니콜 미뇽이라는 여성이 왕의 식사에 독을 넣으려고 궁정 주방에 접근했다가 발각되어 그레브 광장에서 산 채로 화형당했다. 1603년에는 발트의 영주 프랑수아 리샤르라는 자가 독약을 이용한 대역죄로 심문을 당한 뒤, 역시 그레브 광장에서 교수형에 처해진 후 다시 화형을 당했다.

이처럼 앙리 4세는 무려 열일곱 번이나 죽을 뻔했지만 용케 그 위기를 벗어났다. 그러나 결국 1610년, 프랑수아 라바야크(François Ravaillac)라는 이름을 가진 시골 출신의 광신적 구교도의 칼에 쓰러지고 만다. 역시 독보다는 단도 쪽이 훨씬 효과가 즉각적이다.

앙리 4세는 호색한으로 유명한 왕이었다. 그의 연인이었다고 기록된 여자만도 무려 56명이 넘는다는데, 그중에서도 미모로 가장 명성을 날렸던 애인 가브리엘 데스트레(Gabrielle d'Estrée)는 일설에 의하면 독살당했다고 한다.

역사가 미슐레(Jules Michelet)도 독살설을 주장하고 있다. 즉 임신 9개월이었던 가브리엘은 징세관 자메의 집에서 레몬을 먹은 후 사흘 만에 사산아를 낳고 끔찍한 고통에 몸부림치다가 결국 숨을 거두었다.

그러나 해부 결과에 따르면 위장에서는 이상한 흔적이 전혀 발견되지 않았고, 앙리 4세도 딱히 특별 수사를 명령하지 않았다고 한다. 이런 상황을 미루어보아 그녀의 죽음은 그저 임신중독증이나 산욕열에 의한 자연사였을 거라고 주장하는 사람도 있다.

그보다 더 괴상했던 것은 앙리 4세의 두 번째 부인 마리 드메디치의 최후였다.

이 여자만큼 평판이 나빴던 왕비도 없을 것이다. 왜냐하면 몸집이 튼실한 거구에 결코 미모라고 말할 수 없는 외모에, 심지어 피렌체의 재벌 메디치 가문 출신이었기 때문이다. 그녀의 아버지는 비앙카 카펠로(Bianca Cappello)와 결혼했기 때문에 사망했고, 그녀의 숙부는 친어머니를 독살한 경력을 지닌 자였다. 이런 것들도 악평의 원인이 되었다.

그녀 역시 어린 시절부터 연금술사나 마술사들 속에서 성장했기 때문에 카트린 드메디시스처럼 독약을 다루는 데 능숙했고, 만년에는 피부 손상 부위가 괴사하는 괴저 때문에 한쪽 다리의 통증을 독물을 이용해 진정시켰다.

마송 박사의 주장에 따르면, 그녀는 쾰른에서 괴저가 재발했을 당시 치료에 활용된 부식제를 마시는 바람에 사망했다고 한다. 아마도 음식이나 음료, 의약품 중에 섞여 들어가 있었던 게 분명하다. 고의일까? 우연일까? 아니면 자살일까?(『17세기 요술과 독물학』, 1904년)

이 시대에 널리 퍼진 독에 대한 통념은, 특히 셰익스피어의 연극에 빈번하게 나오는 시적인 비유를 설명하기에 충분하다. 오렌지 열매에서 독의 냄새를 맡거나, 향수를 뿌린 장갑이나 장화에서 독물의 흔적을 확인하거나, 사랑의 유희(밀당)에 독을 이용하기도 한다.

맥베스 부인과 로미오가 이용한 신비로운 수면제는 그것을 먹은 사람이 가사 상태에 빠져든 것인지, 아니면 진짜로 죽어버린 것인지 분간할 수 없을 정도로 신기한 것이다.

햄릿의 아버지는 저주받은 사리풀 독이 귓속으로 흘러들어가는 바람에 전신의 피가 얼어붙어버렸다.

이 희곡에서는 주요 등장인물 대부분이 결국 독 때문에 목숨을 잃는다. 왕비는 독주로 죽고, 햄릿은 검에 묻은 독이 몸에 번져 쓰러지고 만다. 이 독은 왕에게 언질을 받은 레어티스가 사기꾼 의사에게 사들인 것이라고만 적혀 있다. 우리가 이것을 제멋대로 추리해, 예컨대 이 독은 분명 화살독일 거라고 결론을 내린들 무슨 소용이 있겠는가.

<그림 21> 약초 담배의 도해

어쨌거나 영국에서도 군주가 독을 극도로 경계하고 있었다는 점만은 분명한 사실일 것이다. 헨리 6세는 런던시의 약제상에게 누구에게도 절대로 약품을 팔아서는 안 된다고 엄명했다. 연금술에 열을 올리고 있던 헨리 8세는 마치 프랑스의 루이 15세가 커피를 가는 것을 좋아했던 것처럼, 새로운 약품을 조합하는 것에서 즐거움을 발견하곤 했다.

엘리자베스 여왕(Elizabeth I)도 약물학에 심취했기 때문에 직접 '건뇌흥분약'이라는 것을 발명해 자기처럼 연금술에 한창 열을 올리고 있던 보헤미아의 루돌프 2세에게 선물했다고 한다. 이것은 호박, 사향, 영묘향(사향고양이)을 장미 추출액에 녹인 것으로 엄청난 고가품이었다고 전해진다.

여왕은 유명한 마법박사인 존 디(John Dee)나 월터 롤리(Walter Raleigh) 경과 함께 꾸준히 해독제 제조법을 연구했다.

스코틀랜드의 제임스 1세는 어린애나 속아 넘어갈 법한 해독제 따위는 일찌감치 아예 무시하기로 작정했다. 그 대신 대역죄를 획책한 자에게는 펄펄 끓는 기름 가마에 집어넣는 형을 가차없이 적용했다.

이 시대의 유명한 해독제는 월터 롤리 경이 제임스 1세의 치세 당시 런던탑에 유폐된 상황에서 발명했다.

이는 40종의 종자, 풀, 껍질, 나무를 알코올에 담가 증류한 뒤 이것을 다수의 광물성 및 동물성 성분과 혼합한 것이었다. 런던의 약국에서는 '롤리 당과제'라는 이름으로 등록되었다.

그러나 이 시대, 즉 16세기 후반에 이르러서도 독약에 관한 마술적 신앙은 여전히 잔존한 상태였기 때문에, 앙브루아즈 파레처럼 뛰어난 과학적 정신의 소유자라 할지라도 악마의 실재를 완전히 부정할 수는 없었다. 그는 "악마와 계약을 맺고 자신의 지위를 구축하는 요술사, 독약사, 사기꾼 등이 존재한다"라고 쓰고 있다.

요술사들이 사바트(사바스, 밤의 향연)에 참가하기 전 이용한 악마 고약(연고)에 대해 상세한 독물학적 연구를 남긴 인물은 요한 바이어(Johann Weyer)였다. 그는 아트로핀(Atropine, 가짓과에 속하는 벨라도나에 포함되어 있는 맹독 성분-역주)의 작용, 이탈리아 사람들이 벨라도나라고 부르는 식물의 작용에 대해 연구한 결과, 필시 이와 비슷한 부류의 약물에 의해 요술사가 신비한 심리적 경험을 맛보는 것으로 추론했다. 여자 요술사들에게 성적인 상상이 일어나는 것도, 피부나 생식기에 여러 종류의 고약(연고)을 발랐기 때문이라고 판단했다. 피부에 바른 고약에 함유된 독물이 몸속으로 흡수되는 과정에서 일어난 환상이라는 것이다.

벨라도나는 아트로핀을 함유한 유독 식물이고 바곳(투구꽃[Aconitum])에는 아코니틴이 함유되어 있기 때문에 이런 것들이 말초신경을 자극해 마비를 일으킨다. 헴록(Hemlock)이 운동 기능을 일시적으로 마비시킨다는 사실에 대해서도 새삼 설명할 필요가 없을 것이다. 그러나 요한 바이어는 벨라도나를 함유한 연고를 이용한 결과, "연극 공연, 아름다운 정원, 향연, 수려한 장식이나 의상, 근사한 청년, 국왕, 봉행 등 그들을 기쁘게 하고 스스로도 즐겁다고 여겼던 온갖 것들이 보이는 동시에 악마, 거대한 까마귀, 감옥, 폐허 등 심적 가책을 느끼게 하는 뭔가가 보인다. 즉, 이런 것들이 악마의 원인이 되는 것이다"라고 언급하고 있다. 요술사의 환시나 환각에 대해 합리적인 설명을 시도하고 있는 셈이다.

동물성 독물 중에서는 역시 뱀, 도마뱀, 도롱뇽, 메기, 전갈, 군소(sea hare, 이른바 '바다토끼'-역주), 광견(미친개)의 콧물과 비단벌레, 칸타리스(반묘)의 분말이 열거되고 있다.

당시의 학자들이 끊임없이 강조한 것은 두꺼비 독이 가진 특별한 유해성이었다. 앙브루아즈 파레의 저서에도 그에 관한 에피소드가 종종 나온다.

20세기에 들어와 등장하기 시작한 독약 가운데 니코틴이 있다.

담배는 1559년, 프랑스 왕 프랑수아 2세가 리스본에 파견한 대사 장 니코(Jean Nicot)에 의해 처음으로 유럽에 소개되었다. 라틴어 이름인 니코티아나(Nicotiana)라는 식물명, 그리고 담배의 주요 알칼로이드인 니코틴(nicotine)이라는 명칭은 바로 이 외교관 이름에서 유래한다.

이 식물은 신대륙의 신비스러움 중 하나로 여겨졌기 때문에 사람들은 효능도 뛰어날 것으로 상상했다. 오래된 본초학 서적에서는 '페투스'라는 명칭으로 알려져 있었다. 장 니코 대사는 이 식물의 종자를 카트린 드메디시스에게 바쳤다고 전해진다. 아마도 이 여왕이 사용한 독약 중에는 틀림없이 담배 침출액도 포함되어 있었을 것이다.

신기한 해독제

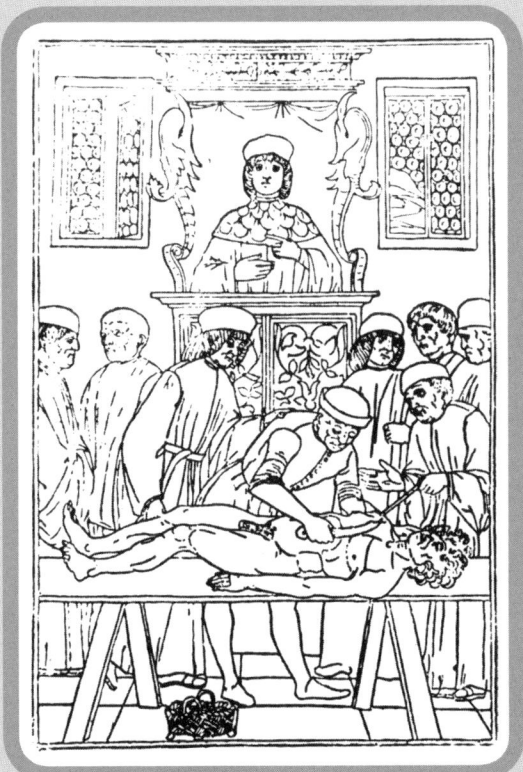

<그림 22> 해부학 교실. 15세기 목판화

16세기 유럽의 모든 저술가들이 입을 모아 지적하고 있는 유해한 독물 가운데 '두꺼비 독'이라는 것이 있다.

이른바 '두꺼비 기름'에서 추출할 수 있는 레지부포게닌(Resibufogenin)이라는 물질에 기존에 알려진 것과는 차원이 다를 정도로 강력한 혈압 상승, 호흡 흥분 유발, 강심제로서의 작용 등이 있다는 사실이 과거 언젠가 일본 순환기학회에서 발표되어 화제가 된 적이 있었다. 중국 명나라 시대부터 전해진 동양의 비약으로 명성이 자자한 '두꺼비 기름'도 어떻게 활용하느냐에 따라 매우 위험한 독극물이 될 수 있다는 이야기다.

두꺼비의 후두부를 짓찧거나 부추, 후추 같은 자극성 물질을 입에 넣어주면 독액을 분비하는 샘에서 하얀 유백색 액체가 뚝뚝 떨어진다. 이렇게 짜낸 흰 액체를 모아 건조시킨 것을 '섬수'라고 하는데, 흑갈색 전병(센베이) 같은 형태를 띤다.

한방에서는 이것을 치통 완화제로 사용하는데, 화학 분석법이 발달함에 따라 그 성분이 차츰 밝혀지고 있다. 레지부포게닌도 그중 하나다. 섬수 1kg에서 채취할 수 있는 분량은 고작 20g 정도에 불과하다. 복잡한 화학 구조가 디기탈리스(Digitalis) 같은 기존 강심제와 다르기 때문에 애초엔 강심 작용이 없는 것으로 여겨졌다. 그러나 앞서 설명한 대로 일본에서의 임상실험에 의해, 예컨대 비타캄퍼(Vitacampher, 장뇌로 만든 강심제 상표명-역주) 따위의 강심제보다 훨씬 효과적이라는 사실이 발견되었다.

세계에서도 손꼽히는 독물학자로 알려져 있는 프랑스의 르네 파

<그림 23> 두꺼비 머리에서 돌을 꺼내는 사내.
이 돌에는 신비한 효능이 있다고 여겨졌다.

브르(Rene Fabre) 교수의 의견에 따르면 다음과 같다.

"두꺼비 독에서 강심 작용을 지닌 두 가지 성분이 분리되었다. 그러나 이 독의 작용은 매우 복잡해 다음과 같이 요약할 수 있다. (1) 급속한 쇠약과 심정지에 이르는 불규칙한 호흡, (2) 혈압 상승을 동반하는 디기탈리스(강심제 명칭)와 유사한 강심 작용, 기타 수축을 동반하는 심정지, (3) 근육 마비에 이르는 경련 증상, (4) 구토 및 체온의 이상 하강."

"요컨대 국소작용은 매우 현저하다. 상처가 난 부위에 두꺼비 독을 바르면 그 부위가 부어오를 정도로 격렬한 통증을 유발한다. 상처가 없는 피부 위에서도 해당 부위가 부식될 정도의 자극이 있다.

어느 정도 통증을 느끼면 통각 마비작용이 있다. 이런 특성이 있어 종종 치료에 활용된다."

그런데 16세기 프랑스의 유명한 외과의 앙브루아즈 파레는 당시 이미 "두꺼비의 침, 소변 등에 강렬한 독성이 있다"라고 단언했다. 마찬가지로 16세기에 나폴리의 마법사 포르타(Giambattista della Porta)도 "정사를 벌일 때 두꺼비 독을 이용해 사내를 죽이려는 질투심 강한 여자가 있으니 성교 후에는 생식기를 잘 닦아두어야 한다"라고 『자연의 마술(Magia naturalis)』(1631년)이라는 책에서 언급하고 있다(시바타 렌자부로[柴田鍊三郎]의 『네무리 교시로[眠狂四郎]』에도 사랑의 유희 중 미리 음부에 넣어두어 사내를 죽이려고 획책한 기독교 신자 여성이 등장했던 것으로 기억한다).

늪지 갈대밭에 주로 서식하는 늙은 두꺼비야말로 포르타에게 가장 이상적인 독약 원료가 되곤 했다. 격렬한 이 독에는 기묘한 특정 해독제만이 효과를 보였다. 즉, 열탕에 담근 고추나물(Hypericum erectum) 잎에 전갈 100마리와 독사 1마리, 산청개구리(Zhangixalus arboreus) 1마리, 그리고 용담 뿌리와 에메랄드 분말을 섞은 뒤 그 혼합물을 주석 단지 안에 저장해두라고 하고 있다.

포르타는 독약 제조법에 대해 명확한 기술을 회피했지만, 그가 두꺼비 독을 대상으로 화학적 연구를 행했다는 사실은 다음과 같은 문장을 통해서도 분명하게 엿볼 수 있다.

"두꺼비와 독사를 한 마리씩 잡아 납으로 된 증류기 안에 집어넣으라. 그런 다음 이들 동물을 찌르고 건드리면서 자극해 한껏 성나게 하고 흥분시킨다. 그런 다음 증류기 속에 미세한 분말 형태의 대극(Euphorbia pekinensis, 여름에 개화하는 속씨식물-역주), 수정 부스러기 따위를 집어넣어 약한 불 위에서 뭉근하게 끓여 수분을 증발시킨다. 이렇게 만들어진 액체를 단 한 방울이라도 삼킨 사람은 1개월 동안 감각과 이성을 완전히 잃게 될 것이다(『자연의 마술[Magia naturalis]』)."

두꺼비 독에 대해서는 이 정도로 하자. 이제부터는 16세기 당시에 가장 광범위하게 이용되기 시작한 이른바 '독물계의 왕자', 비소에 대해 약간의 설명을 추가해두고자 한다.

예로부터 비소는 자연에서 나는 계관석이나 웅황 등 황화물의 형태로 알려져 있었고, 당초엔 분리가 어렵다고 여겨졌지만 차츰 순수한 형태로 추출할 수 있게 되면서 범죄자들에게 종종 이용되었다. 이탈리아인 의사 지롤라모 메르쿠리알리스(Girolamo Mercurialis[Girolamo Mercuriale])의 『독과 독의 질병에 대하여(De venenis, et morbis venenosis tractatus locupletissimi)』(베네치아, 1584년)에 의하면 다음과 같다.

"두 종류의 인조 비소가 존재한다. 하나는 동량의 소금과 섞은 천연 비소에서 추출한다. 즉, 소금과 천연 비소의 혼합물을 플라스크에 넣은 다음 증기가 플라스크 내벽에 결정을 만들어내면서 응고할 때까지 가열한다. 이것이 바로 '결정체 비소'다. 또 하나는 천연 비소와 유황을 뒤섞은 혼합물로 만든다. 아라비아 의사들은 이런 계통의 인조 비소를 계관석이라 부른다."

비소 중독의 징후에 대해서도 대부분 숙지했던 것으로 보인다.

예를 들면 제롤라모 카르다노(Gerolamo Cardano)는 갈증과 식은땀, 장내의 통증, 구토, 배뇨 시의 동통, 손톱의 변색, 혀의 종창 등 몇 가지의 징후에 대해 상당히 정확하게 언급하고 있다.

그런데 비소의 해독제에 대해서 당시 약제사들은 전혀 대안이 없었던 모양이다. 오늘날의 시각으로 살펴보면 그야말로 웃음거리가 될 정도로 엉뚱하면서도 기묘한 의견들을 내놓고 있다.

프랑스의 시인 프레네는 도금양(Rhodomyrtus tomentosa)이나 멜리사 등의 식물이 크게 효과를 발휘한다고 지적하고 있고(『의학제요[医学提要]』), 메르쿠리알리스는 그 유명한 체사레 보르자의 예를 연상시키는 설명을 하고 있다. 즉, 말이나 소의 배를 가른 후 그 태내에 알몸으로 들어가 뜨겁게 뭉클거리는 피와 내장 속에 몸을 푹 담그면 된다는 것이다. 아울러 로렌스 카틀랭은 "온갖 종류의 독이나 전염병에 대한 특효약"이라고 스스로 믿고 있던 분석(糞石)의 효과에 대해 장담하고 있다(『분석론[糞石論]』몽펠리에, 1623년).

참고로 분석(Bezoar stone)이란 광물질과 유기질 일부가 마치 돌처럼 단단한 물질로 굳어진 것으로 초식동물의 장에서 발견되곤 한다. 명칭은 '독을 빼주는 것'이라는 의미의 페르시아어 'Pa-Zahar'에서 유래한다. 즉 Pa는 '반대'를, 'Zahar'는 '독'을 의미한다. 12세기 스페인의 아랍계 의학자 아벤조아르(Avenzoar)는 '분석'의 효과를 맹신해서 이에 관해 기록한 최초의 의학 권위자로 알려져 있다.

'분석'은 후대에 이르러 약학 분야에서 매우 귀하게 취급되었다. 런던에 있는 약국에서는 처음 100년 동안 약품 목록에 포함되어 있었다. 여기에는 두 종류가 있는데, 하나는 '동양분석(우황)'이었고 다른 하나는 '서양분석'이었다. 귀족들은 이것을 금이나 은으로 된 상자에 소중히 담아 마치 부적이나 되는 양 가지고 다니다가, 혹시나 역병이라도 유행할라치면 하루에 얼마씩 고액을 받고 비싼 값에 빌려주었다. 어떤 동방의 태수가 엘리자베스 여왕에게 보낸 선물에도 대형 '분석'이 있었다. 그 값어치는 믿을 수 없을 정도로 고가였기 때문에 경우에 따라서는 차지하고 있던 영지 전체가 하나의 분석과 교환될 정도였다.

아벤조아르의 학설에는 다음과 같은 내용이 보인다.

"이 돌은 수컷 사슴의 눈에서 나온 것이다. 수사슴은 강장을 위해 뱀을 먹은 후 즉시 물가로 달려가 목 부근까지 물속에 몸을 담구고 뱀 때문에 유해한 결과가 초래될 것을 예방한다. 이런 상황에서 수사슴은 물을 전혀 마시지 않는다. 혹시라도 마신다면 즉시 죽어버린다. 물속에 잠겨 있으면 독의 힘이 약해지면서 수사슴의 눈꺼풀에서 일종의 액체가 흘러나오는데, 그것이 응고되면 돌이 된다. 이것이 그 유명한 '분석'이다."

한편 프랑스 궁정 소속 외과의 앙브루아즈 파레가 전하는 '분석의 효과에 관한 생체 독약실험의 보고 내용'은 매우 잔혹하기 때문에 여기서 소개해두기로 하겠다.

파레는 본인 스스로도 궁정의 음모에 휘말려 몇 번이나 독살당할 뻔했던 당사자였던 만큼, 독물 실험에 적극적으로 참가하는 열의를 보였다. 어느 날 어떤 귀족이 스페인산 분석을 샤를 9세에게 진상하

<그림 24> 앙브루아즈 파레(Ambroise Pare)의 초상화

자, 왕은 그 효과를 확인해보기 위해 총애하는 측근인 파레를 불러 생체 실험을 시도해보기로 했다.

왕이 먼저 파레에게 질문했다. 모든 독에 효력을 보이는 해독제라는 것이 과연 이 세상에 존재하는가? 파레는 답변한다. 독이라는 것은 애당초 각각의 성질이 다르기 마련인지라, 모든 독에 효과를 내는 해독제는 존재하지 않는다. 그런데 문제는, 분석을 진상한 귀족이 파레의 의견에 대해 반박하고 나서며, 이 돌이야말로 어떤 독에도 효과를 나타내는 특효약이라고 우겨댔다. 결국 실험을 통해 어떤 의견이 맞는지 확인해보기로 하고, 궁정 재판장에게 사형에 처하기로 예정된 죄인이 있는지 문의했다. 때마침 궁정에서 접시 두 개를 훔쳤다는 이유로 그다음 날 교수형에 처해질 운명에 놓인 요리사가 있었다.

왕이 죄인에게 제안한다. 만약 기꺼이 실험 대상이 되어 독과 해독제를 마시고 행여 목숨을 건진다면 죽을죄를 짓긴 했지만 목숨만은 살려주겠노라는 제안이었다. 죄인은 오히려 기뻐하며, 대중 앞에서 교수형에 처해지느니 차라리 독을 마시고 죽는 게 낫겠다고 답변했다. 이리하여 죄인은 먼저 일정량의 독(독은 승홍수였다)을 마시고 나서, 문제가 된 '분석'을 입에 넣었다.

"두 종류의 약품을 삼키자, 그는 구토를 시작했다"라고 파레는 적고 있다. "이윽고 화장실로 가고 싶다는 느낌이 너무 강렬하다며 화장실에 가더니, 이번엔 몸이 타들어갈 것 같다며 연거푸 물을 마시고 싶어 했다. 이윽고 마치 짐승처럼 네 발로 엎드려 기어 다니기 시작하더니, 입에서 혀를 빼물고 눈과 얼굴 전체가 모조리 새빨개져 식은땀을 줄줄 흘리면서 구역질을 호소했다. 결국 그는 귀와 코와 입, 항문과 음경에서 엄청난 피를 쏟아내면서 비참한 죽음을 맞이했다(전집 제21의 글)."

이런 기록을 읽게 되면, 고대 네로황제 치하에 존재했던 피 냄새 진동하던 궁정, 혹은 나치스의 비참한 강제수용소에서의 생체실험의 광경이 절로 연상되지 않을 수 없다. 현재를 살아가는 우리가 지

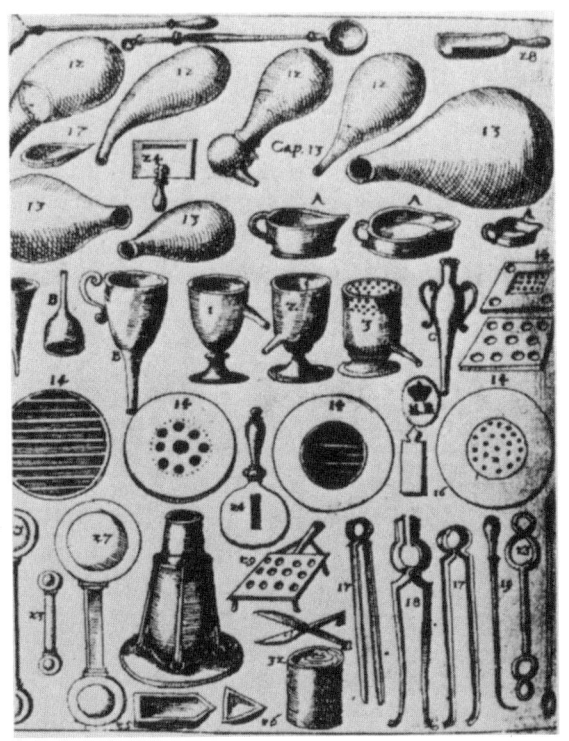

<그림 25> 갖가지 연금술 도구

닌 나약한 이성으로는 참으로 전율을 느끼지 않을 수 없다. 그러나 탁월한 휴머니스트로 역사에 이름을 남겼던 앙브루아즈 파레를 위해 굳이 변호를 하자면, 이단 심문과 화형대의 고통스러운 신음이 뒤덮고 있던 16세기 당시에는 이토록 잔혹한 독물 실험이 그다지 놀랄 만한 일이 아닌, 지극히 평범한 일이었다는 사실이다. 유사한 비소 해독제 실험은 시에나(Siena)의 의사 마티올리의 『오페라 옴니아』(1567년)에서도 보고되고 있다.

"프라하에서 교수형을 선고받은 어떤 사내가 페르디난트 대공의 명령으로 비소 실험을 당할 처지에 놓였다. 그는 물약 형태의 독을 다량 들이켰다. 4시간 후 그는 온몸이 납빛이 되었고 쇠약해진 나머지 숨조차 끊어질 지경에 이르렀다. 의사는 그가 죽을 것이라고 믿어 의심치 않았다. 그런데 일정량의 어떤 가루약을 백포도주에 섞어 남자에게 마시게 했더니 순식간에 중독 증세가 가라앉으면서 서서히 회복되기 시작했다. 이튿날 그는 완전히 증상이 회복된 후 석방되었다."

실은 비소의 경우 유일하게 효과적인 해독제는 포도주였다. 파레를 비롯한 많은 의사들이 최고의 치료약으로 술을 권하고 있다. 어떤 이유 때문에 독살의 위협을 느끼는 사람은 지나치게 강한 향료나 조리된 고기, 농밀한 맛을 내는 소스 따위를 충분히 경계해야 한다. 그들은 기회가 있을 때마다 고기 수프를 섭취하거나, 테리아카(해독제)나 미트라다테스의 사탕을 공복 상태에서 먹어둠으로써 유사시를 대비해야만 했다.

한편 16세기를 지나 17세기로 접어들자 드디어 독약의 전성기가 도래한다. 이 시대만큼 독약에 대한 공포가 광범위하게 퍼지면서 독살사건이 빈번하게 발생했던 시대도 없을 것이다. 태어날 때부터 약골이었던 루이 13세와 재상 리슐리외도 이른바 독살공포증에 사로잡혀 있었다. 그들은 서로 편지를 주고받으며 항상 상대방의 강녕함을 확인하고, 음식에 대해 조심하고 또 조심하도록 서로에게 경각심을 심어주었다.

마송 박사의 설에 의하면, 리슐리외가 고양이를 여러 마리 길렀던 것은 단순히 그가 고양이를 각별히 좋아했다기보다는, 음식에 독이 들어 있는지 이 동물에게 먼저 먹여보기 위한 목적이 있었기 때문이라고 한다.

루이 13세가 자신의 직장에 비소를 집어넣는 바람에 죽었다는 설도 전혀 근거가 없지는 않을 것이다. 만약 이것이 사실이라면 그는 일종의 변태성욕자들에게 보이는, 타고난 관장 마니아였을 가능성이 있지 않았을까?

태양왕 루이 14세 주변도 예외는 아니었다. 그와 가까웠던 가족, 친척, 왕후와 후궁들에게도 원인을 알 수 없는 해괴한 죽음이 잇따랐다. 절대 권력에 의해 온 세상의 중심이 된 태양왕 루이는 아리따운 외모를 뽐내는 궁정 여자들의 눈에 유일한 동경의 대상이 되었다. 당연한 일이었다. 가문의 정략적 판단이나 남편들의 야심을 의식하며 궁정에 드나들던 아가씨들이나 부인들은 모두들 태양왕과 동침하는 영광을 꿈꾸고 있었다. "남편은 아내를 국왕을 위해 바친다"라고 앙드레 모루아(André Maurois, 20세기 프랑스의 전기작가, 소설가-역주)는 쓰고 있다. 절대적인 힘을 가진 전제군주의 음탕한 욕망을 만족시키기 위해 베르사유 궁전을 중심으로 은밀하고도 끈질긴 투쟁이 펼쳐졌던 것이다. 몽테스팡 후작 부인(marquise de Montespan)의 흑미사 사건도 그 일환이었다고 이해할 수 있다.

베르사유 궁전과 고전주의 미학으로 상징되는 루이 14세의 눈부신 치세의 이면에서도 헤아릴 수 없을 정도로 수많은 독살사건이 일어났다. 낙태나 강간, 근친상간, 그리고 요술에 의한 신성모독 등 온갖 끔찍스러운 소송사건들은 당시 사람들의 이목을 집중시키기에 충분했다. 당시를 살았던 증인 세비녜 부인이 딸 앞으로 보낸 편지에는 다음과 같은 내용이 적혀 있다.

"옳음과 그름에 대해 말하자면, 멀리 있는 그대의 눈에는 여기 있는 우리 모두가 마치 독을 호흡하며 살고 있고, 신성모독과 낙태의 소용돌이에서 살고 있는 것처럼 비쳐질지도 모르겠군요? 정말이지, 이곳의 풍속은 유럽 전체를 경악시키고 있어요. 100년 후 우리의 편지를 읽을 사람들은 이런 사건을 곁에서 바라보며 살았던 우리를 참으로 가련하게 여기겠지요(1680년 1월 29일 자 서한)."

비극작가로 최고의 명성을 자랑하던 아카데미 회원이자 당대 최고 문인이었던 장 라신(Jean Baptiste Racine)도 일설에 의하면 뒤파크(Marquise Du Parc)라는 여배우에게 낙태를 시켰다거나 독살했다는 소문에 휩싸인 적이 있었다. 이런 불길한 소문을 퍼뜨린 것은 유명한 독약 기술자이자 여자 요술사였던 라부아쟁(La Voisin)이었다. 그녀는 1680년 브랭빌리에 후작 부인(marquise de Brinvilliers) 사건의 공범으로 간주되어 화형에 처해졌는데, 그 이전에 법정에서 고문당할 당시 고명한 극작가가 여배우를 독살하고 그녀의 손가락에서 고가의 다이아몬드 반지를 빼냈다는 사실(?)을 털어놓았다. 이 때문에 라신에게는 체포 영장까지 발부되는 상황에 이르렀으나, 경찰당국은 왕의 비호를 받는 이 아카데미 회원을 추궁해봐야 아무 소용도 없을 거라고 생각했는지, 결국 진상 조사를 포기해버렸다. 그런데 사건의 진상을 들여다보면, 여배우는 실은 유산 후 복막염으로 죽었던 모양이다.

몽테스팡 부인의 뒤를 이어 루이 14세의 총애를 받았던 드퐁탕주(Duchesse de Fontanges)가 20세라는 젊은 나이에 자궁염으로 말미암은 과다 출혈로 사망한 사건 역시 수수께끼로 남아 있다. 소문에 의하면 몽테스팡 부인이 그녀에게 독이 든 우유를 마시게 했다고 한다. 하지만 정작 누구보다도 사건에 의구심을 품어야 마땅했을 루이 14세가 시신의 해부를 금하고 사건을 급히 무마해버렸기 때문에 진상은 영원히 어둠 속에 묻히고 말았다.

루이 14세의 동생인 오를레앙 공의 아내이자 루이 14의 제수였던 앙리에트 당굴레트(Henriette d'Angleterre)의 죽음도 사람들의 마음속에 수많은 억측을 불러일으켰다. 그녀는 루이 14세의 친동생이자 유명한 동성애자였던 오를레앙 공 필리프와 결혼했으나, 유약한 남편은 어린 소년들과 어울려 지내느라 젊은 아내를 거들떠보지도 않았다. 앙리에트는 천성적으로 허약하고 병치레가 잦았지만 발랄한 매력을 지녔던 여성이었다. 루이 14세의 의뢰에 따라 영국과의 사이에서 중재 역할을 맡기도 하는 등 외교적 수완을 발휘했다. 그러나 26세라는 젊은 나이로 기괴한 죽음을 맞이했다.

1670년 6월 29일, 그녀는 지병인 두통이 심해져서 치커리 뿌리의 분말이 들어간 물을 받아 마셨는데, 갑자기 "아아, 답답해. 어떡하지"라고 하더니 쓰러져버렸다. 유명한 여류작가였던 라파예트 부인(Madame De La Fayette)의 증언에 따르면, 그녀의 얼굴이 새빨갛게 변하는가 싶더니, 이번엔 순식간에 검푸르게 변해버렸기 때문에 주위 사람들 모두가 경악을 금치 못했다고 한다. 그녀는 계속 절규하면서, 일어설 수 없으니 데려가달라며 고통을 호소했다. …

하수인은 끝내 밝혀지지 않았지만, 대부분의 사람들은 그녀의 남편이 총애하던 어린 소년(로렌 기사)과 그 친구인 에피아 후작과 의기투합해 그녀의 찻잔에 독을 넣었을 거라고 수군거렸다. 복잡한 질투의 감정이 불러일으킨 사건인 셈이다. 비소나 안티몬, 승홍 따위로는 이토록 갑작스러운 죽음을 야기하지 못하는데, 당시 로마로 유배당했던 로렌 기사가 이탈리아의 강력한 독약을 에피아 후작에게 보냈을지도 모른다. 생시몽은 이상과 같은 견해를 밝히고 있다.

그녀의 유해는 영국 왕의 대리인이 참석한 가운데 규정대로 해부되었다. 하지만 15명의 의사 모두 독살의 흔적을 확인할 수 없다는 점에 대해서만 의견 일치를 보았을 뿐, 직접적인 사인에 대해서는 제각기 의견이 달랐다. 심지어 어떤 의사는 콜레라라고 주장했다. 그도 그럴 것이 콜레라에 의한 사망은 독물 중독에 의한 사망과 흡사해서 정확히 진단하기가 매우 어려웠을 것이다. 그러나 당시 이런 전염병이 파리를 중심으로 유행하고 있었다는 이야기는 아무도 듣지 못했다.

루이 14세 시대가 로마의 아우구스투스황제 시대와 매우 비슷했다는 설을 제기하는 학자도 있다. 요술사나 주술사, 점성학자, 최음제나 낙태약을 파는 약장수, 돌팔이 의사, 꿈 해몽을 해주는 마술사 따위가 악덕으로 가득 찬 도시인 파리를 향해 구름처럼 몰려들었기 때문이다. 프랑스 각지의 시골 수도원에서도 루덩(Loudun) 사건(1634년 프랑스 루덩의 한 수녀원에서 벌어진 악령 빙의 사건-역주)이나 루비에 사건(루덩에서의 사건과 함께 17세기 프랑스의 수도원을 무대로 펼쳐진 3대 악마 사건 중 하나-역주)을 비롯한 집단적인 악마 빙의 사건이 빈번하게 발생했고, 수도사가 악마에게 영혼을 바치며 최음제나 독약을 제조했던 예도 적지 않았다.

여자 요술사의 집에는 저녁 무렵이나 이른 아침, 다음과 같은 장면이 펼쳐졌다. "가난뱅이는 걸어서, 부잣집 귀부인은 사륜마차나 가마를 타고 (여자 요술사의 집으로) 향한다. 그러고는 집에 도착하기 한참 전 미리 마차나 가마에서 내린 부인들은 가면을 쓰거나 모자의 챙을 낮게 드리워 자신의 얼굴이 보이지 않게 했다. 미리 서로 맞추어놓았던 신호로 문이 스르르 열린다. 방문자는 잠시 기다린 뒤 여성 점쟁이 앞까지 안내되었다. 기괴한 장면이 전개되었다. 대부분의 손님들은 온몸에 전율을 일으켰다. … 상대 여성의 결심이 확고하다고 판단되면 여자 요술사는 구구절절 설명할 필요 없이 곧바로 본론으로 들어간다. 당신의 남편을 죽여줄 테니 남편의 셔츠를 가지고 오라고 말한다. 이 셔츠를 비소가 함유된 비누로 세탁해 돌려준다. … 다른 방법도 있다. 손님에게 물을 주는 것이다. 이 물은 얼핏 보기에 무해해 보인다. 맑고 아무 냄새도 나지 않다. 요술사는 이 물을 음식이나 약, 관장제에 넣으라고 한다. 실은 이 물에는 비소가 녹아들어가 있었다. 시간이 흐르면서 조금씩, 정말 조금씩 남편이 죽어갈 정도의 분량이다."(펠릭스 라베송[Félix Ravaisson], 『바스티유의 고문서』 1870년).

브랭빌리에 후작 부인

<그림 26> 흑미사 경전 『붉은 용(적룡[赤竜])』에 수록된 삽화

존 딕슨 카(John Dickson Carr)의 소설 『화형 법정(샹브르 아르당트 [Chambre Ardente] burning courts, '불타는 법정'이라는 제목으로도 알려져 있음-역주)』은 17세기의 유명한 독살마 브랭빌리에 후작 부인(Marquise de Brinvilliers)에 대해 다루고 있다. 너무도 기괴한 이야기였다. 존 딕슨 카의 수많은 작품들 중에서도 가장 뛰어난 작품으로 기억한다. 오래전에 읽었기 때문에 줄거리는 대부분 잊었지만, 브랭빌리에 후작 부인이 현대에 환생한 것으로 추정되는 여성이 깔때기를 보고 공포에 떠는 장면은 매우 인상적이었다.

왜 하필 깔때기를 무서워했을까? 일찍이 후작 부인이 화형에 처해지기 전, 재판소 고문실에서 고문관들에게 엄청난 물고문을 당했기 때문이다. 고문관들은 강제로 후작 부인의 입에 깔때기를 물린 다음, 숨도 쉬지 못할 정도로 엄청난 양의 물을 부어넣으며 고문했다. 그런 공포의 기억이 마치 격세유전처럼 소설 속 주인공 여성에게 전달되었던 것이다. …

추리소설의 귀재에 의해 작품의 주인공으로 등장하게 된 희대의 독살마 브랭빌리에 부인, 그녀는 과연 어떤 여성이었을까.

그녀에 대한 간단한 초상을 그려보기로 하자.

훗날 후작 부인이 된 마리 마들렌 도브레(Marie Madeleine d'Aubray)는 1630년 7월 2일, 프랑스 파리에서 사법관의 딸로 태어났다. 뛰어난 미모와 재기를 겸비한 그녀에게는 바람기가 있었고, 뭔가에 격렬히 빠져드는 성향을 지녔다. 음란하다기보다는 어리석다고 표현해야 할까. 어린 시절부터 두 남동생들에게 차례로 몸을 맡겼다.

1651년 앙투안 고블랭 드 브랭빌리에(Antoine Gobelin de Brinvilliers)라는 후작과 결혼했다. 사내는 부자였고, 놀기만 좋아했으며, 심지어 머리도 그다지 좋지 못했다. 그저 사람만 좋은 호인에 불과했다.

당시의 귀족사회가 대개 그러했듯, 남편에게 제대로 된 대접을 받지 못한 채 독수공방의 신세를 한탄하며 세월만 보내던 그녀는 이윽고 주변에 남자를 끌어들이기 시작했다. 그녀의 연인 중에는 나다야크 후작(Marquises de Nadaillac)이나, 아들의 가정교사로 일했던 브리안 쿨 등이 있었다. 그러나 그녀가 가장 진지하게 몰두했던 상대는 자기 집에도 자주 드나들던 남편의 친구, 고댕 드 생트크루아(Gaudin de Sainte-Croix)였다. 기병대 장교였던 그는 가스고뉴 지방의 명문가 출신임을 표방하던 사내였다.

남편은 본인 놀기에 바빠서 아내의 불륜에 눈을 지그시 감아줄 수 있었지만, 도덕심이 투철했던 친정아버지는 가정생활 중에 발생한 정숙지 못한 상황을 도저히 묵과할 수 없었다. 그는 사법관인 자신의 지위를 이용해 왕의 서명이 있는 칙명 구인장을 발부해 부도덕한 딸의 연인인 생트크루아를 바스티유 감옥에 6주 동안 감금해버렸다.

그런데 생트크루아라는 이 한량은 이전부터 화학이나 약물학에 흥미가 많았는데, 하필이면 바스티유 감옥에서 엑질리(Exili)라는 남자를 알게 되어 그에게 독약 제조 비법을 배웠다. 이탈리아인이었던 엑질리는 당대에 명성을 떨쳤던 유명한 독살마로, 교황 이노센트 10세 때 150여 명을 독살했다고 알려져 있다.

바로 그 무렵, 브랭빌리에 후작 부인도 파리 시립 자선병원에 빈번히 나타나 가난한 병자를 위문한다는 핑계로 그들에게 독약을 넣은 포도주나 비스킷을 주면서 악취미를 즐기고 있었다. 이것은 오랫동안 발각되지 않았다.

도대체 언제부터 그녀는 이런 불온한 취미를 갖게 되었을까. 필시 생트크루아에게 영향을 받았을 것이다. 그러나 한편으로는 거의 타고났다고 여겨질 정도로, 이런 행동들이 너무도 쉽사리 그녀의 내부에서 그녀 자신의 본질이 되었다. 독약 실험의 대상이 된 것은 자선병원의 환자들만이 아니었다. 그녀의 집에서 일하던 하녀 프랑수아즈 러셀도 구즈베리 열매로 만든 시럽 몇 잔과 얇게 저민 햄 한 조각을 받아먹고 하마터면 황천길로 갈 뻔했다.

생트크루아는 감옥에서 나오자마자 엑질리에게 배운 비법을 이용해 복수하기로 마음먹었다. 연인에게 완전히 넋이 빠져 있던 후작 부인도 그와 의기투합해 천륜의 정을 저버리고 아버지의 음식에 독약을 넣고야 말았다. 그것도 매일같이 아주 조금씩 집어넣어 8개월에 걸쳐 서서히 아버지를 살해했던 것이다.

성가시게 굴던 아버지가 눈앞에서 사라지자 부인은 전보다 한층 자유분방해지더니, 이번에는 유산을 독차지하기 위해 두 남동생을 없애려는 짓거리를 꾸몄다. 1670년, 그녀의 명령을 헌신적으로 따르던 하인 라쇼세(Jean Amelin Lachaussee)의 손을 빌려 범죄는 너무도 쉽사리 실행에 옮겨졌다.

두 남동생은 고통스러운 몸부림 끝에 끔찍한 최후를 맞이했다.

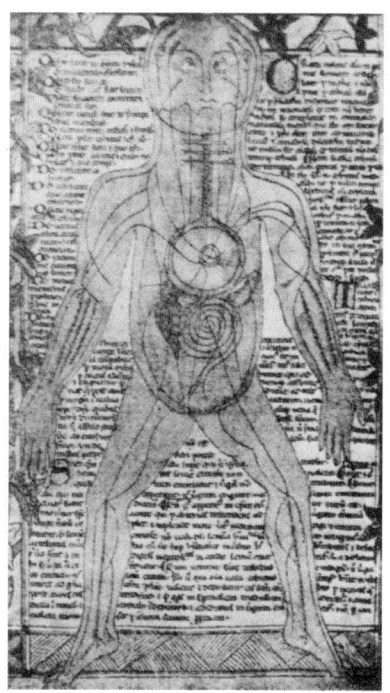

<그림 27> 해부도. 13세기의 필사본에서 발췌

시체 부검 결과 사인에 석연치 않은 점이 있다고 여겨졌다. 지금까지 건강했던 사람이 하루아침에 갑자기 잇따라 죽었으니 당연한 일이었다. 그러나 부인 주변 사람들이 굳게 입을 다물었기 때문에 수사는 이내 중단되었다.

천성적인 성향인지 아닌지, 이미 구분조차 불가능해질 정도가 된 부인의 독살 취미에는 거의 마니아적인 구석이 있었다. 두세 번의 성공에 짜릿함을 느낀 그녀는 이번엔 옛 연인 브리앙 쿨을 노렸다. 그리고 머리가 약간 나쁘다는 이유로 큰딸을 없애버려야겠다는 생각을 문득 하게 되었다. 종당에는 남편이 생트크루아와 남색 관계임을 알자, 질투에 눈이 멀어 남편까지 독살해버리기로 결심했다.

브랭빌리에 후작은 행실이 나쁜 아내가 넣은 독에 희생이 되는가 싶더니, 이번에는 친구 생트크루아가 해독제로 처치를 해주는 바람에 그야말로 죽지도 살지도 못하는 기구한 상태로 가까스로 목숨을 유지하게 되었다.

후작 부인의 마지막 고해성사의 사제였던 에드몬 피로트에 의하면, 브랭빌리에 부인은 항상 조심스럽게 극소량의 비소를 넣었기 때문에 주위 사람들은 모두 남편이 다리의 염증 때문에 고통스러워하는 것이라고 지레짐작했다. 그녀가 털어놓은 바에 따르면, 한 번에 많은 양의 독을 사용하면 효과가 너무 빨리 나타나 자칫 범죄가 들통날 수 있었다.

생트크루아 역시 브랭빌리에 부인의 행태가 차츰 견딜 수 없는 부담으로 느껴지기 시작했다. 도대체 언제까지 이처럼 위험천만한 여자와 관계를 맺어야 한단 말인가. 이러다가는 필시 자기까지 엄청난 재난에 휘말릴 수 있겠다는 생각이 들기 시작했다. 사실 그녀의 독살계획에는 그도 분명 포함되어 있었다. 하지만 두 남동생을 독살한 직후, 동성애자인 이 사내에게 거액의 돈을 빌린 적이 있었기 때문에 그 차용증서를 돌려받기 전에는 쉽사리 죽일 수도 없었다. 한편 생트크루아는 만일의 경우를 대비해 범죄의 증거품들을 작은 상자 안에 소중하게 간직해두었다. 상자 안에는 그 밖에도 독약이 든 작은 병이나, 그녀로부터 받았던 연애편지가 34통이나 들어 있었다.

<그림 28> 근육 해부도. 베살리우스(Andreas Vesalius)의 『사람 신체 구조에 관하여(on the fabric of the human body)』(1543)에서 발췌

연인 사이에 죽느냐 죽이느냐의 심리적 암투가 이어지고 있었다. 그런데 결말은 어처구니없었다. 생각지도 못한 형태로 암투가 막을 내리게 되는 순간이 급작스럽게 찾아왔다. 우연이지만 생트크루아가 갑자기 죽어버렸기 때문이다. 질병 때문인지, 아니면 모베흐(Maubert) 광장 막다른 골목에 있던 자신의 집 실험실에서 화학 실험을 하다가 독에 노출되는 바람에 죽어버렸는지 정확한 상황은 알수 없다. 아무튼 브랭빌리에 부인에게 살해당한 게 아닌 점만은 분

명했다. 1672년 7월, 그의 집이 봉인되었다.

그런데 봉인을 풀고 집 안을 수사해보자, 해괴한 작은 상자 하나가 발견되었다. 상자에는 생트크루아의 필적으로 다음과 같은 내용의 쪽지가 붙어 있었다.

"이 상자를 손에 넣은 분께 간곡히 부탁드립니다. 부디 이 상자를 느브생폴(Neuve-Saint-Paul) 거리에 사는 브랭빌리에 후작 부인에게 돌려주시길 바랍니다. 상자에 든 내용물은 모조리 그녀에 관한 것이므로 그녀가 가져야 마땅합니다. 그녀 이외에 그 누구에게도 아무런 쓸모가 없는 것들입니다. 그녀가 저보다 일찍 죽을 경우에는, 상자의 뚜껑을 열지 말고 내용물을 소각하기로 되어 있습니다. 저는 신과 그 모든 신성한 것에 맹세코 여기서 진실만을 말하고 있으니, 어느 누구도 무지를 이유로 이 상자의 뚜껑을 열 수는 없을 것입니다…."

이것을 읽고 호기심이 발동하지 않을 사람이 누가 있으랴. 없다면 오히려 이상할 지경이다. 경찰은 상자를 소중히 품에 안고 상사의 집으로 달려갔다.

이렇게 되자 후작 부인은 좌불안석 어쩔 줄 몰라 했다. 사법경찰을 매수하려고 갖은 수단을 강구하거나 담당 관리를 유혹해보려고 온갖 방법을 동원했지만 노력한 보람도 없이 마침내 상자는 열리고 말았다. 혹시나 싶어서 거기에서 나온 작은 병의 내용물을 담당 관리가 동물에게 먹여보았더니, 동물이 곧바로 그 자리에서 즉사해버렸다. 비소가 틀림없었다.

자신이 혐의를 받게 되었다는 사실을 인지하자 부인은 조심스럽게 시골에 틀어박힌 다음, 상자 안의 편지는 모조리 위조된 것이라는 소문을 퍼뜨렸다. 그런데 이번에는 충실한 하인 라쇼세가 생트크루아와의 사이에 금전적 거래가 있었다는 이유로 체포되었다. 독살범으로 간주되어 족쇄 고문을 받게 되자 라쇼세는 자기가 알고 있던 사실을 낱낱이 이실직고한 다음, 그날로 거열형(사지가 찢기는 형-역주)에 처해져 숨을 거두었다. 1673년 3월 24일의 일이었다.

런던으로 도망간 후작 부인이 결석한 상태로 재판이 진행되었고, 결국 참수형을 선고받았다. 이윽고 영국 정부가 그녀에게 추방령을 내리자 부인은 네덜란드로 도망쳤다가 이어서 피카르디(Picardie), 발랑시엔(Valenciennes), 리에주(Liege) 등지를 전전하며 계속 도주했다. 이후 리에주의 한 수도원에서 한동안 몸을 숨기고 지내다가 결국 1676년 3월 26일, 디글레(데카리에르)라는 사람의 손에 잡혔다. 그녀가 파리로 호송된다는 소식이 전해지자 호기심 많은 무리가 길가에 구름처럼 모여들었다. 유명한 독살범을 자신의 두 눈으로 직접 보고 싶어 하는 인간들의 심리는 예나 지금이나 다르지 않았던 모양이다. 압수된 그녀의 소지품 중에는 생트크루아가 소지하고 있었다는 독약이 든 작은 병뿐만 아니라, 세상을 떠들썩하게 한 스캔들로 가득 찬 고백록도 포함되어 있었다.

투옥된 브랭빌리에 부인은 빼앗긴 상자를 되찾기 위해 교도관을 유혹하는 등 온갖 노력을 다했다. 그러나 그것도 다 부질없는 짓이라는 사실을 깨닫자 유리 파편, 병을 삼키거나 항문에 봉을 꽂아 자살을 시도했다. 그녀는 마치 사나운 말 같은 여자였다.

　세상을 경악시킨 그녀의 『고백록』에는 도저히 공개가 불가능할 정도로 극악무도한 온갖 경험들이 등장한다. 방화, 남동생들과의 근친상간, 구강성교, 처자가 있는 남자와의 간통, 항문성교, 낙태 등등이다.

　그녀는 평생토록 자신이 저질러왔던 온갖 독살에 대해 『고백록』의 여기저기에서 은밀히 털어놓고 있다. 한 가지 의문이 든다. 그녀는 어째서 자신의 엄청난 범죄의 증거를 굳이 글로 남겨두었을까.

　이런 의문에 답하기 전, 우리는 역사상 굴지의 독살마 대부분이 스스로가 저지른 범죄의 전모를 밝히고 싶어 하는 유혹을 차마 뿌리치지 못했다는 사실을 상기할 필요가 있다.

　브랭빌리에 후작 부인 역시 공범 라쇼세나 애인 브리안 쿨에게 은밀하게 비밀을 털어놓았다. 어느 날 밤에는 만취 상태로 약국 아가씨에게 분말 상태의 승화물을 보이며, "이걸로 나는 적에게 복수할 거야. 이걸로 유산이 내게 굴러들어올 거야"라며 자신만만하게 떠벌렸다고 한다.

　메지에르(Mézières)에서 실시된 첫 번째 심문에서 그녀는 자신이 쓴 글에 대해 완강히 부인했다. 이후 그녀는 파리 재판소의 부속 감옥으로 이송되었다. 심문은 1676년 4월 29일부터 7월 16일까지 라무아뇽 재판장에 의해 22회에 걸쳐 실시되었다.

　귀족다운 오만함과 위엄을 잃지 않고 항상 판사석을 향해 꼿꼿이 고개를 쳐들고 심문에 임했던 후작 부인을 보고 배석한 판사들은 혀를 내두르며 두려움을 느꼈다. 이 여자에게도 과연 감정이라는 게 있을까. 선천적으로 도덕 감각이 결여되어 있지 않고서야 어찌 이리 나올 수 있단 말인가.

실제로 그녀는 단 한 방울의 눈물도 흘리지 않았다. 증인으로 출석한 브리안 쿨은 13시간에 걸쳐 그녀로부터 회한의 말을 끌어내려고 갖은 노력을 다했지만 결국 포기하고 말았다. "어머나, 당신 지금 울고 있는 건가요? 사내 주제에 그리 약해빠져서야!" 결국 그녀의 입에서 흘러나온 말은 이것뿐이었다.

유명한 변호사 니벨르(Nivelle)가 불가능하게 보였던 그녀의 변론을 맡게 되었다. 그는 후작 부인의 애인 생트크루아를 악마 같은 남자라고 단정하고, 신학 서적에서 엄청난 분량의 문장들을 인용했다. 종당에는 피고에 의해 작성된 고백록은 증거로 사용될 수 없다는 주장을 거듭했다. 그러나 이 절묘한 변론도 결국 법정을 움직이지는 못했다.

7월 15일, 마지막으로 법정은 피고에게 반성과 참회를 요구했다. 그러나 후작 부인은 여전히 묵비권을 행사했다.

이후 이 사건은 소르본대학의 신학교수 에드몬 피로트 사제의 손에 맡겨졌는데, 그때까지 완강하게 시치미를 떼던 부인이 갑자기 순식간에 기력을 잃고 말았다. 마치 중세의 유아 살육자 질 드레가 희생자 가족과 마주하게 되자 갑자기 고개를 숙이고 눈물을 흘리면서 신의 이름으로 참회했을 때와 마찬가지였다. 아무리 강인한 정신력을 가진 사람에게도 기력이 약해지는 순간이 오기 마련이다.

훌륭한 고해성사 사제였기 때문에 이를 절묘하게 포착할 수 있었다는 말일 것이다. 그녀의 고백이 너무나 감동적이어서 소르본대학의 신학교수는 자기 앞에 있는 이 여인이 혹시 성녀일지도 모른다는 생각이 들 정도였다고 한다.

7월 16일, 판결이 내려졌다. 그것은 부인에게 지나치게 가혹한 것이었으므로 재심을 청원했다. 솔직히 있는 그대로 생각해보면, 부인이 결국 모든 것을 고백할 마음을 먹었던 것도 어쩌면 화형 법정의 고문이 육체적으로 견디기 어려웠기 때문이 아니었을까 싶다.

'화형 법정(불타는 법정)'이란 17세기 루이 왕조 시대에 요술이나 독살 등 이례적인 사건에 속하는 재판을 심리하고 화형을 선고했던 법정을 말한다. 실내에 온통 검은 천을 둘러치고 낮에도 횃불을 밝혀놓았던 음산하기 그지없는 장소였다.

그곳에서 벌어진 고문은 그야말로 끔찍 그 자체였다. 악명 높았던 15세기의 종교재판소 소장 토르케마다(Tomás de Torquemada)가 주재했던 스페인 마드리드 이단심문소의 잔학함에 견줄 만했다. 가장 일반적으로 사용된 고문 도구는 채찍과 수레바퀴, 목마 등이었다. 중죄인인 경우 팔다리 끝을 태우거나 손톱을 뽑기도 했고, 족쇄를 채워 쐐기로 서서히 다리를 죄거나, 죄인의 귀나 눈이나 입에 녹인 납을 들이붓거나, 심지어 수조에 가득한 물을 깔때기로 범인의 입에 들이붓는 등 온갖 상상력을 동원해 잔혹한 방법이 시도되었다.

딕슨 카도 적고 있듯이, 브랭빌리에 후작 부인이 받은 고문은 물과 깔때기를 사용한 일급 고문이었던 모양이다. 그토록 강인했던

<그림 29> 이단심문소

그녀도 이 고문에는 무릎을 꿇고 말았다.

고문을 당한 후 그녀는 존속 살해 범인용 호송마차에 태워져 재판소 감옥에서 노트르담 사원으로 밤새 옮겨졌다가 다시 그레브 광장으로 끌려나갔다. 그리고 거기서 하룻밤을 보낸 뒤 비가 내리던 다음 날 아침, 빗줄기와 함께 쏟아지는 군중의 욕설을 들으며 사형집행인에 의해 참수되었다. 고작 37세밖에 되지 않은 젊은 나이였다. 후작 부인의 목은 마지막까지 귀부인답게 거만하고 꼿꼿했다.

"그녀의 가엾고 아담한 시체는 처형이 끝난 뒤 이글거리는 불 속에 던져졌고, 그 재는 바람에 흩날렸어요"라고 세비녜 후작 부인(Marquise de Sévigné)은 쓰고 있다. "그러므로 우리는 그녀의 재를 머금은 공기를 실제로 들이마시고 있는 것이므로, 영혼의 교류에 의해 어떤 유독한 기질에 침식당하고 있는 것이기도 합니다…."

세비녜 부인의 불안은 어떤 의미에서는 원폭 실험으로 발생한 대기오염을 걱정하는 현대인의 심리와 마찬가지라고 할 수 있을지도 모른다. 우리가 과학을 믿는 것처럼, 17세기 사람들은 악령의 존재를 믿었기 때문이다.

처형 다음 날, 변덕스러운 파리 시민들은 새로운 순교자의 유골을 줍기 위해 아직도 연기가 피어오르는 뜨거운 잿더미를 막대기로 헤집고 다녔다. 브랭빌리에 부인의 유골이라 칭하는 것이 귀신을 막는 부적으로 고가에 팔리기 시작한 것은 그로부터 한참 훗날의 이야기다.

흑미사와 독약

<그림 30> 에티엔 귀부르크(Étienne Guibourg)와 몽테스팡 부인의 흑미사

1677년 9월 21일 파리의 생앙투안(Saint-Antoine) 거리에 위치한 교회에서 수상쩍은 익명의 편지가 경찰에 압수되었다. 왕과 왕위 계승자가 조만간 독살당할 거라는 내용이 적혀 있었다. 불온하기 그지없는 편지였다.

당시 파리에서는 경찰이 필요 이상으로 신경을 곤두세우고 있었다. 독살사건이 빈번했기 때문이다. 바로 얼마 전에도 루이 14의 제수였던 앙리에트 당굴레트(Henriette d'Angleterre)가 물약을 먹고 기괴한 죽음을 맞이했다. 결국 범인은 검거되지 않았고 사건은 미궁에 빠졌다. 이렇듯 해괴한 일들이 벌어지고 있는 상황이었기 때문에 경찰도 익명의 투서사건을 가벼이 넘기지 않았다. 그리하여 2개월에 걸쳐 신중한 수사를 거듭한 결과, 이른바 '흑미사'에 빠져 있거나 독약을 팔러 다니던 몇몇 용의자를 줄줄이 체포하게 되었다. 그런데 막상 사건을 파고들다 보니 꼬리에 꼬리를 무는 형식으로 이에 연루된 온갖 인물들이 용의선상에 올랐다. 심지어 굴비 엮듯이 떠오른 용의자들 중에는 루이 14세의 애인으로 알려져 있던 몽테스팡 후작 부인(marquise de Montespan)까지 포함되었다. 일이 복잡해지기 시작했다. 경찰을 총괄하던 라 레니(Nicolas Gabriel de La Reynie)는 골머리를 앓지 않을 수 없었다.

이것이 역사적으로 그 유명한 루이 14세 왕조의 '독약사건'의 발단이었다. 이후 귀족이나 귀부인, 부르주아나 수상쩍은 사제 등이 줄줄이 재판소로 끌려가 증언이나 자백을 강요당하면서 파리가 발칵 뒤집어지는 소동이 벌어졌다.

경찰의 밀정은 도처에서 암약하고 있었다. 소송 의뢰자가 없고 수완도 변변치 않은 페랑(Maitre Perrin)이라는 변호사도 경찰에 고용된 밀정 중 한 사람이었다. 어느 날 그가 파리 상류층을 상대로 의상업을 경영했던 마리 비고르(Marie Vigoreaux) 부인이 개최한 파티에 출석하자, 그 자리에 마리 보스(Marie Bosse)라는 유명한 여자 점쟁이가 와 있었다. 그 순간 페랑의 동물적인 육감이 발동했다. 아니나 다를까 분위기가 무르익고 술자리가 거나해지자 이 여자 점쟁이는 취기가 오른 나머지 커다란 목소리로 떠벌리기 시작했다. "독살은 수지 맞는 장사야. 이제 세 명만 더 죽이면 난 부자가 돼서 이 일에서 발을 뺄 수 있어."

귀가 밝은 밀정 페랑이 이 소리를 놓칠 리 없었다. 그는 즉시 이 정보를 윗사람에게 보고했다. 그 결과 1679년 1월 4일 이른 아침, 집에서 자고 있던 마리 보스는 느닷없이 경관의 급습을 받고 아무런 반박도 하지 못한 채 체포당했다. 그로부터 2개월 후인 3월 12일, 그 유명한 여성 독약 전문가 라부아쟁(La Voisin)이 체포되었다. 라부아쟁의 체포는 마리 보스의 자백 탓이었다.

체포된 라부아쟁은 취조가 시작되자 고문을 이기지 못하고 결국 자백을 시작했다. 자백 내용은 경악 그 자체였다. 그 자리에 함께 있던 재판관도 사건의 기이함에 완전히 넋이 나가버릴 지경이었다. 악마 예배라는 것은 애당초 중세 시절에나 있었을 법한 역사적 유물이다. 화려하기 그지없는 17세기 루이 14세의 치세에, 그토록 고색창연하고 음산한 미신이 파리 도심의 한복판에서 버젓이 실행되

<그림 31> 라부아쟁(La Voisin)

고 있었다. 아무도 상상하지 못했던 일이다.

  라부아쟁은 사업이 기울어져 파산 직전에 있던 앙투안 몽부아진(Antoine Monvoisin)이라는 보석상과 결혼했는데, 젊은 시절부터 인간 심리의 약점을 간파하는 데 천재적인 수완을 보였으며 손금이나 타로 카드, 골상학 따위에 빠져 있었다. 그녀는 넓은 정원이 딸린 저택을 구매해 남편, 딸과 함께 살면서 수많은 손님을 그곳에 초대했다. 호스트 역할을 맡았던 그녀는 마치 과거에 존재했던 비잔틴제국의 여왕처럼, 두 개의 머리가 달린 독수리가 황금색 실로 수놓아진 진홍빛 벨벳 드레스를 걸치고 있었다.

귀족이나 재계인, 정치가를 자택에 초대해 우아한 저녁 모임이나 음악회를 개최하기도 했고, 직접 소르본대학으로 가서 교수들과 점성학 문제를 두고 논쟁할 정도의 학식도 갖추고 있었다. 손님을 대할 때는 항상 상냥했고 술이나 음식도 넘쳐났기 때문에 모두들 기꺼이 그녀에게 자신의 신상에 대해 온갖 상담을 하곤 했다.

하지만 우아하고 근사한 거실 뒤에는 끔찍한 독약 실험실이나 화장품, 최음제, 낙태약 제조 공간 따위가 감추어져 있었다. 약제사나 산파도 그녀의 저택에 고용되었다. 어느 방에는 거대한 아궁이가 있었는데 항상 역한 냄새를 내는 연기를 뿜어내고 있었다. 이것은 약물의 잔재나 특히 유산한 태아를 태우기 위한 설비였다. 라부아쟁의 고백에 의하면 10년간 2,000명 이상의 태아를 여기서 처리했다고 한다. 악마 예배 의식에 사용하기 위한, 인간의 기름으로 만든 양초 따위도 준비되어 있었다.

베일을 뒤집어쓴 귀부인들이 사람들의 눈을 피해 은밀한 차림새로 그녀의 저택을 찾았다. 최음제나 낙태약, 비소를 베이스로 한 독약 따위를 사려는 목적이었는데, 이것이 바로 그녀의 막대한 수입원이었다. 타락한 그리스도교회의 사제가 이런 사업과 연루되었다. 어느 시대건 독약을 다루는 사람과 요술사는 서로 이어질 운명을 지니곤 했다.

매춘부가 낳은 사생아를 돈을 주고 사오거나 거리에서 아이를 훔쳐오기도 했다. 그들이 행했던 흑미사 의식에서는 아이를 죽여 그 피를 짜서 성배를 채웠다. 탐욕에 빠진 타락한 성직자가 라부아쟁에게 돈을 받고 이런 피비린내 나는 의식을 주재했다.

라부아쟁의 주위로 몰려든 악덕 사제 중에는 배교자, 유아살육자로 유죄 선고를 받았던 마리오트 사제나 루메니안 사제, 악마 예배가 최고조에 달했을 때 15세의 소녀를 강간해 사형에 처해졌던 토르네 사제, 양초를 만들기 위해 형장에 있던 관리로부터 인간의 지방을 샀다는 다보(Giles Davot) 사제 등이 있었다. 그러나 그중에서도 가장 유명한 것은 '사팔뜨기 노인'이라는 별명을 가진 끔찍한 요술사, 에티엔 귀부르크(Étienne Guibourg) 사제였다.

진위 여부는 알 수 없으나, 전설에 의하면 귀부르크 사제가 발명한 기괴한 독약은 아비움 리스스, 즉 '사도(邪道)의 웃음'이라고 하는데, 이것을 마신 사람들은 너무 웃다가 결국 웃으면서 죽게 된다고 한다.

귀부르크 사제의 고백에 따르면, 고등법원 판사 피론 뒤마르트레라는 자가 이 독약을 사서 왕을 독살하려고 획책했다고 한다. 피론 뒤마르트레의 범행은 미수에 그쳤지만, 그로 하여금 이런 심정으로 내몬 동기는 왕이 당시의 재무장관인 니콜라 푸케(Nicolas Fouquet)를 억울한 죄인으로 내몰아 감옥에 유폐시킨 다음 독살해버렸기 때문이었다.

1680년 푸케가 피뉴롤 성채(fortress of Pignerol)에서 죽었을 때, 독살 소문은 상당히 광범위하게 퍼져 있었다. 그리고 왕의 부당한 처사를 뒤에서 비난하는 자도 많았다. 푸케는 문학자나 화가를 보호했던 유능한 정치가였다. 루이 14세가 총애하던 라 발리에르(duchesse de La Valliére)가 푸케의 이런 점에 항상 호의를 품었기 때문에 왕의 질투심을 불러일으켜 결국 직무를 이용한 부정축재 혐의로 종신금고형을 선고받았다. 일설에 의하면 『철가면』의 모델이 바로 이 사람이라고 한다.

어쨌든 '독약사건'으로 체포되어 일망타진된 무리 중에는 아무것도 모른 채 얼떨결에 휘말린 일반인도 섞여 있었기 때문에 독약 매매가 일종의 직업인 인간들의 숫자는 상당했다. 마치 마약 밀매단처럼 일종의 비밀결사 비슷한 조직이 그들 사이에 만들어져 있었고, 각 지방과도 연락을 주고받으며 필요한 독약이 부족할 때는 지방에서 파리로 주문이 오는 일도 있었다. 라부아쟁의 공공연한 정부(情夫)이자 온갖 수상쩍은 장사를 하고 있던 르사주(Lesage)의 고백에 의하면, 독약 매매업자들은 독일이나 스웨덴, 기타 여러 국가와 연락을 주고받곤 했다고 한다.

맨 처음 소환된 피의자의 숫자는 400명 이상이었다. 1679년 4월 10일 유명한 '화형 법정'이 열렸고, 3년이 넘는 기나긴 심리 끝에 1682년 7월 21일 마침내 확정판결이 내려졌다. 그러나 극형에 처해진 자는 고작 36명에 불과했고, 나머지 사람들은 정치적 관계나 왕가와의 친밀함을 이용해 가까스로 형을 면해 국외로 추방당하거나 석방되었다. 동서고금을 막론하고 재판이라는 것은 도무지 신뢰가 가지 않는다.

그러나 재판을 거쳐 당시 귀족이나 부르주아 계급의 부인들이 연인을 위해 남편을 살해하려고 했던 사례가 얼마나 많았는지 밝혀지게 되면서, 결과적으로 세상에 있는 모든 남편들을 공포에 떨게 했다.

예를 들어 풀레옹(Poulaillon) 부인이라는 여자는 샹파뉴(Champagne) 지방 산림감독관의 부인이었는데, 그녀의 남편은 무척이나 포악했다. 부인은 우선 주술로 남편의 수명을 단축하려 했지만 여의치 않아 결국 여자 요술사 마리 보스의 의견에 따라 비소가 배어든 셔츠를 남편에게 입혔다. 그런데 남편은 몸이 가렵다고 호소할 뿐 도무지 죽지를 않는다. 그래서 그녀는 살인청부업자까지 고용해 남편을 살해하려 했는데, 이 역시 실패로 끝났다. 오히려 견디다 못한 남편이 아내를 재판소로 넘겨버린 판국이었다.

그런데 미모의 풀레옹 부인은 머리도 좋고 말솜씨까지 청산유수였기 때문에, 재판관이 이에 홀딱 넘어가버리는 바람에 어이없게도 국외 추방이라는 경미한 판결이 내려졌다. 한편 브루넷이라는 부르주아 여성 역시 남편 살해 혐의로 재판에 넘겨졌다. 그러나 재판소에 줄이 없었기 때문에 극형에 처해지게 되었다. 양손이 잘렸고, 교수형을 당했으며, 종당에는 시체마저 불태워졌다.

부용 공작 부인(Duchess de Bouillon, 마리아 안나 만치니[Marie Anne Mancini]) 같은 사람은 마치 여왕처럼 당당히 재판소에 등장해 야유에 찬 어조로 재판관을 몰아세우며 득의양양한 태도를 보였다. 볼테르가 전하는 바에 따르면, 악마를 본 적 있냐는 재판관의 질문에 대해 그녀는 "네, 지금 보고 있는걸요. 악마란 참으로 추하게 생긴 사내네요. 얼굴은 빈상에 관리 같은 행색을 하고 있어요"라며 조롱

하듯 태연스럽게 대답했다. 재판관은 못마땅한 얼굴로 입을 다물어 버렸다고 한다.

'독약사건'의 주범이라는 라부아쟁은 무수한 살인을 저지른 것을 인정하고 1680년 2월 20일에 처형당했다. 그녀는 자기가 앞서 했던 말을 번복하는 꼴사나운 광경은 결코 보이지 않았다. 그야말로 암흑세계에 군림했던 여왕다운 자태로 최후의 순간을 맞이했다고 할 수 있다. 서간문학으로 명성이 자자했던 세비녜 후작 부인(Marquise de Sévigné)은 죽음의 순간에 보여준 당당한 악인의 모습에 감탄하며 다음과 같이 적고 있다.

"노트르담 사원에 끌려가서도 그녀는 결코 용서를 청하려 하지 않았어요. 드디어 그레브 광장에 도착하자 그녀는 죄수 호송차에서 내리지 않으려고 있는 힘껏 저항했지요. 그러나 결국 관리에게 강제로 이끌려 내려왔답니다. 철사에 묶인 채 땔감들 위에 앉아 짚으로 주변이 둘러싸이자 그녀는 큰 소리로 욕을 해대며 대여섯 번이나 짚을 밀쳐냈어요. 그러나 마침내 불이 타오르기 시작했고 그녀의 모습은 더 이상 보이지 않게 되었지요. 그녀의 재는 지금도 허공을 떠돌고 있을 거예요."(1680년 2월 22일 자 서한)

그러나 화형보다 훨씬 끔찍한 시역죄(부모나 임금을 죽이는 죄-역주)의 벌이 가해질 것을 두려워한 나머지, 라부아쟁이 마지막까지 그 이름을 입에 올리지 않았던 공범자가 한 사람 있었다. 루이 14세와의 사이에서 아이를 무려 일곱 명이나 낳았던 애첩 몽테스팡 후작 부인(marquise de Montespan)이었다.

<그림 32> 몽테스팡 후작 부인(marquise de Montespan)의 초상

하지만 르사주 사제나 귀부르크 사제, 라부아쟁의 딸 마르그리트 몽부아진(Marguerite Monvoisin) 등은 그녀처럼 입이 무겁지 않았다. 그들은 재판장에서 몽테스팡 부인에게 불리한 증언을 줄줄이 실토해버렸다. 경악한 루이 14세는 재판 조서를 통해 드러난 모든 증거들을 즉시 인멸해버리도록 명령했다.

몽테스팡 부인은 야심만만한 여자였다. 루이 14세가 총애하던 라발리에르, 즉 루이즈 드 라발리에르 공작 부인을 밀어내고 순식간에 그녀의 자리를 꿰차버렸지만, 혹시라도 루이 14세가 자신을 멀리하기 시작한다고 느껴질 때마다 라부아쟁의 저택을 찾아와 왕에게 먹일 최음제를 엄청나게 구매하거나, 저주를 통해 라발리에르를 죽이기 위한 흑미사를 실행하기도 했다. 이런 사실을 알았을 때 궁정 사람들은 여자의 집념이 얼마나 무서운 것인지, 새삼 절실히 깨닫고 몸서리치지 않을 수 없었다.

몽테스팡 부인은 라부아쟁의 소개로 요술사 귀부르크 사제의 문을 두드려 그로 하여금 저주의 흑미사를 집행하도록 했다. 그뿐만 아니다. 의식이 진행되는 도중 직접 나체 상태로 제단 역할을 맡는 일조차 서슴지 않았다. 흑미사는 예로부터 나체의 여자 배 위에서 행해지는 경우가 많았다.

그러나 왕은 38세나 된 중년 여성에게 이미 싫증을 느끼기 시작하고 있었다. 초조해진 몽테스팡 부인은 왕의 총애를 되찾고자 안간힘을 써보았지만 결국 다 부질없는 짓임을 깨닫는다. 그러더니 왕과 왕의 새로운 연인 퐁탕주(Fontange, Marie Angélique de Scorailles)의 목숨을 한꺼번에 없애버리겠다는 생각까지 하게 되었다. 그래서 로마니(Romani)와 베르트랑(Bertrand)이란 살인청부업자를 보내려고 손을 썼는데, 벌인 일이 애당초 너무도 엄청난 짓인지라 오히려 살인청부업자들이 겁을 잔뜩 집어먹고 꽁무니를 빼버렸다.

그래서 다시금 이 일에 관해 라부아쟁과 의논을 해보니, 독약을 다루던 이 여자는 계획이 성공했을 때 10만 에큐의 사례금을 주겠다는 다짐을 받은 후 어떤 비책을 전수했다. 독약을 도포한 청원서를 왕에게 보낸다는 방법이었다. 그러나 이 계획 역시 결국 실현되지 못했다. 그 무렵 드디어 경찰이 움직이기 시작해 일을 벌이기도 전에 라부아쟁이 체포돼버렸기 때문이다.

어쨌거나 결국 '독약사건'은 결말이 너무 애매하게 끝나버린 탓에 뒷맛이 씁쓸했다. 경찰을 총괄하던 라 레니(Nicolas Gabriel de La Reynie)는 견실하게 범죄를 파헤치고 있었는데, 정부가 지휘권을 발동해 사건에 대해 더 이상의 조사를 중지하라고 명령했기 때문이다. 까딱하다간 엄청난 스캔들로 비화되어 자칫 왕좌가 전복될 우려조차 있었다. 라 레니는 끓어오르는 울분을 참을 길 없었지만 가까스로 마음을 진정시키며 범죄 수사에서 손을 떼지 않을 수 없었다.

경찰이 단호한 조치를 취하지 않았던 이유 중 하나는, 요술에 대해 결정타를 먹일 수 있는 법률이 없었기 때문이기도 했다. 그러나 1682년 루이 14세도 도저히 견딜 수 없었는지, 독살과 요술을 구별하지 않고 처벌하라는 취지의 법령을 내리게 되었다.

법령에는 다음과 같은 대목이 나온다. "예언에 열중하고 점술사라고 자칭하는 모든 남녀를 즉각 국외로 추방하거나 형벌을 가한다. 아울러 뱀, 두꺼비, 살무사, 기타 이와 유사한 독을 가진 벌레를 의사 및 약종상 이외의 사람이 허가증 없이 의약에 사용한다는 명목으로, 혹은 실험을 한다는 핑계로, 혹은 기타 어떤 구실을 내걸고 사용하는 것을 금한다."

연대가 확실하지는 않지만 아마도 17세기 후반 무렵에 발견된 끔찍한 독약 가운데 유명한 '아쿠아 토파나(Aqua Tofana)'라는 것이 있다. 남이탈리아가 발상지이며 크게 유행한 독약이었는데, 이것이 실재 존재했는지 의심하는 목소리도 있다. 왜냐하면 토파나라는 이름을 가진 세 명의 악녀가 각각 다른 시대에 생존했기 때문이다.

최초의 여자는 1634년 팔레르모(Palermo)에서 처형되었다. 두 번째 여자는 1651년 로마에서 조용히 죽었다. 세 번째 여자는 1780년 전후로 로마의 어느 수도원에 틀어박혀 그곳에 찾아온 여자들에게 작은 병을 팔고 있었다. 병의 라벨에는 '아쿠아 나폴리', '아쿠아 페르기아', 혹은 '파리의 성 니콜라의 양식'이라고 적혀 있었다. 표면적으로는 화장수인 것처럼 꾸몄지만 기실은 격렬한 효과를 지닌 독약이었다(참고로 아쿠아 토파나가 보르자 가문에서 발명되었다는 설도 있는데, 이것은 명백한 오류다).

어쨌든 아쿠아 토파나에는 두 종류가 있었던 모양이다. 오스트리아의 카를 6세를 모시던 의사 가렐리가 언급한 바에 따르면, 그 하나는 금어초(金魚草)를 침출해 증류한 액체에 아비산을 녹인 다음 칸타리스를 넣은 것이라고 한다. 다른 하나도 어떤 식물을 기본으로 만들어진 것인데 완전히 무색투명한 액체였기 때문에 언뜻 보기엔 이것이 설마 독약이라고는 아무도 상상하지 못했다고 한다.

1739년 판『저명재판집』이라는 책에 의하면 '아쿠아 토파나'는 "바위 사이에서 나오는 깨끗한 물이며 아무런 맛도 냄새도 없다. 따라서 사람들이 자칫 방심하기 마련이다. 이 독은 가슴을 공격해 쉽사리 낫지 않는 염증을 일으킨다. 죽으면 마치 폐렴 때문에 죽은 것처럼 보인다."

요컨대 그 유명한 '아쿠아 토파나'란 아비산 용액이나 독초 엑기스라고 여겨진다. 이것을 대여섯 방울씩 소량 마시기 시작하면 처음엔 그저 막연한 불쾌감만 느낄 뿐이다. 그러나 시간이 지나면 차츰 식욕이 없어지면서 결국 아무것도 먹을 수 없게 된다. 권태감이 점점 극심해지면서 조금씩 쇠약해지다가 의사조차 좀처럼 원인을 파악하지 못한 상태로 몇 개월이나 초췌한 생활을 이어가다 결국 촛불이 사그라지는 것처럼 서서히 죽어간다(가르티에 『법의학적 독물학』 1845년).

일설에 의하면 토파나에게는 열성적인 여제자 한 명이 있었다고 한다. 스카라라는 이름을 지닌 악명 높은 여성으로 무려 150명에 이르는 여성 독살단의 우두머리였다. 이 여성 독살단은 허약하거나 나이 든 남편을 독살해주는 것을 신조로 삼았던 것으로 추정된다.

토파나 스카라의 비법이 후세에 전해졌던 것일까. 어쨌든 18세기 말에도 여전히 아쿠아 토파나는 세간의 화제였고, 이탈리아의 화학자들은 그 위험성을 충분히 인지하고 있었던 모양이다. 19세기 초에 나온 스탕달(Stendhal)의 『로마 산책(Promenades dans Rome)』에도 아쿠아 토파나에 관한 내용이 있기 때문에 인용해보도록 하겠다.

"40년 전까지만 해도 아쿠아 토파나가 실제로 존재했다고 생각하는 사람들이 있었다. 맛도 없고 냄새도 없는 액체였다. 매주 한 방울씩 마시게 되면 2년 후엔 목숨을 잃게 된다. 혹여 2년 이내에 자칫 병에라도 걸리면, 그것이 비록 아무리 가벼운 병일지라도 결국 목숨을 앗아가버린다. 오히려 그것이야말로 독약을 취급하는 사람들이 염원하는 바다. 아쿠아 토파나는 커피에 섞든, 초콜릿에 섞든 그 힘이 약해지지 않는다. 단, 술은 어느 정도 그 작용을 없앨 수 있

다."(1828년 4월 5일 자)

17세기에 약제사라는 존재는 전반적으로 매우 수준이 낮은 편이지만, 몇몇 탁월한 인물들이 아예 없었던 것은 아니었다. 니콜라 푸케 부인의 비호를 받았던 스위스인 크리스토퍼 글레이저(Christopher Glaser) 등이 바로 그런 사람이었다. 그는 파리의 식물원에서 화학을 강의하면서 유럽 전역에 평판이 자자해진 『화학개론(Traite de la chymie)』(1668)을 출판했다. 처음으로 초산은을 막대 모양으로 만들어 부식은제(腐蝕銀劑)라는 이름을 붙여 팔기 시작했던 것도 크리스토퍼 글레이저였다.

가엾게도 글레이저는 브랭빌리에 후작 부인 사건에 연루되어 오명을 뒤집어쓰고 고국을 떠났다. 브랭빌리에 후작 부인은 재판소에서 자신은 몇 번이나 글레이저로부터 독약을 샀고, 그로부터 독약 배합 방법을 배운 적이 있다고 증언했다.

계관석이나 웅황이야말로 독약의 아버지라고 말했던 사람은 라부아쟁이었다. 그러나 분명 비소는 이 시대에 일약 독물계의 왕좌로 떠오른 느낌이다. 이런 비소 황화물들은 주로 독일의 작센 지방에서 만들어졌다.

관장기에 몰래 넣어두는 독약으로는 승홍수도 사용되었다. 범죄자들 사이에서 한때 제법 유행했지만 비소 용액의 사용 빈도에 비할 바는 아니었다. 브랭빌리에 부인도 풀레옹 부인도 이것을 이용해 성공했다.

특히 풀레옹 부인은 재판소에서 스스로 고백할 때까지 세간의 눈을 완벽히 속일 수 있었으니, 참으로 놀랄 일이다. 농후한 비소를 배어들게 해놓은 셔츠 탓에, 그녀의 남편의 신체 일부는 하감(음부가 허는 병-역주)과 비슷한 농양이 생기면서 심한 염증을 일으켰다. 그러나 이를 진찰한 의사들은 하나같이 매독성 종기일 뿐이라고 진단했다. 만약 남편이 의심하지 않았더라면 의사는 매독을 치료한다는 구실로 환자에게 수은 따위를 마시게 했을지도 모른다. 그야말로 눈뜨고 당할 형국이었다.

독초원에서 근대 화학으로

<그림 33> 수목으로 변한 처녀들.
프란체스코 콜로나(Francesco Colonna)의 저서
『히프네로토마키아 폴리필리
(Hypnerotomachia Poliphili, 폴리필리의 광연몽)』(1499)의 삽화

고대 페르가몬(Pergamon)의 마지막 제왕 아탈로스 3세(Attalos III, 기원전 133년 사망)나 폰투스(Pontus)의 왕 미트리다테스 6세(Mithridates VI, 기원전 163년 사망)는 왕궁 정원에 광대한 독초원을 조성한 후 많은 학자들을 불러들여 주야로 독물 연구에 골몰했다. 이런 에피소드에는 우리의 로맨틱한 범죄학적 상상력을 자극하는 측면이 분명 존재한다.

물론 이런 왕들 입장에서는 로맨틱 운운과 하등 관련 없는, 그야말로 암살에 대한 공포심이 앞섰던 것도 사실이다. 자기 몸을 지키겠다는 일념에서 독약이나 해독제 연구에 힘을 쏟았던 상황이기 때문에 왕궁 안에서는 분명 참혹하고 야만스러운 실험도 행해졌을 것이다. 현재를 사는 우리에겐 그들의 소행이 어딘가 천진난만하고 순진무구한 왕들의 자위로 보일 뿐이다.

소아시아 북서부에 존재하는 페르가몬은 유복한 아탈로스 왕가가 수도로 삼았던 땅이다. 아탈로스 왕가는 학문이나 미술을 권장했기에 이곳은 헬레니즘 문화의 거점으로 번영을 누렸다. 마지막 제왕인 아탈로스 3세도 조각이라는 취미에 골몰할 뿐 정치는 전혀 돌보지 않았다고 한다. 독약 지식에 밝아 근친을 독살하고 왕위에 올랐지만 그는 정작 왕위에 오른 후 얼마 지나지 않아 칩거를 시작한다. 양심의 가책을 도저히 견디기 어려웠기 때문이라고 전해지고 있다. 그가 일사병으로 죽었다는 전설이 존재한다는 사실도 흥미롭다. 정원이나 식물을 좋아하던 왕다운 죽음이라고 여겨진다.

실제로 성인이 되고 나서도 식물원이나 동물원, 수족관 따위를 이상하리만치 애호하는 성향을 가진 인간이 있기 마련이다. 비단 고대의 제왕만은 아닐 것이다. 나도 그런 사람들 중 한 사람인데, 독초원이라는 불길한 이미지에는 인간의 죽음과 연관된 감미롭고 화려하고, 말하자면 야릇한 '부패'의 매력이 있다. 그것이 한층 우리의 상상력을 자극하는 것 같다.

일본에서도 예로부터 '본초학'이라는 학문 전통이 있었다. 그 영향으로 유서 깊은 독초원이 아직도 사방에 남아 있지만, 지금 당장 뇌리에 떠오르는 것은 하코네(箱根)의 고라(強羅) 공원에서 문득 발견했던 자그마한 독초원이다.

언젠가 아는 여자 친구와 함께 케이블카로 소운산(早雲山)을 내려와 메시아교 계열의 하코네미술관(箱根美術館, 일본의 신종교 중 하나인 세계구세교[메시아교]의 교주 오카다 모키치[岡田茂吉]가 세운 미술관-역주)을 둘러보고 나서 천천히 주변 공원 안으로 들어가자, 구석 쪽에 철책으로 에워싸인 구역이 있었다. 거기엔 코리아리아(*Coriaria japonica*), 바곳(투구꽃), 자리공(*Phytolacca esculenta*), 붓순나무(*Illicium anisatum*), 독미나리(*Cicuta virosa*), 수영(*Rumex acetosa*) 등의 식물명이 적힌 작은 나무 팻말들이 가득한 아담한 독초원이 있었다.

독초원 따위에 흥미를 느낄 등산객은 필시 많지 않을 것이다. 당연히 주변엔 사람의 그림자조차 찾아볼 수 없었다. 석양 속에서 하얀 꽃들이 잔잔하게 흔들리며 미풍이 스쳐지나갈 때마다 그 잎사귀들이 속삭이던 유독 식물들. 아직도 기억난다. 조용하고도 고독한 그 모습에는 차마 지나쳐버릴 수 없는 깊은 맛이 느껴졌다. …

<그림 34> 콘라트 폰 메겐베르크(Konrad von Megenberg)의
『자연의 서(Buch der Natur)』(1475년)에서 발췌

서양에는 독초원이 가진 퇴폐적이고 감미로운 이미지를 작품의 주제로 이용한 몇몇 소설이 있다. 예를 들어 너대니얼 호손(Nathaniel Hawthorne)의 『라파치니의 딸(Rappaccini's Daughter)』이 그것이다.

멋지고 화려한 독초 정원을 조성한 노년의 식물학자 라파치니는 아름다운 자신의 딸을 어린 시절부터 독초로 양육했다. 이렇게 성장한 그녀를 사랑한 젊은 학생이 있었다. 젊은이는 금단의 정원을 그녀와 함께 산책하는 사이에 그 역시 온몸에 독소가 전염되어, 그가 입김을 한번 불기만 해도 곤충이나 거미가 즉사할 정도로 저주받은 육체의 소유자가 되어버린다. 이야기의 마지막 장면에서는 연인에게 모욕당한 딸이 자신의 운명에 절망하며 벤베누토 첼리니가 제조한 해독제를 마시고 죽어버린다.

요컨대 "라파치니의 수완이 그녀의 육체를 너무도 근본적으로 변화시켰기 때문에 그녀에게는 독이 생명이었고, 따라서 해독제는 죽음이었던 것이다"라고 되어 있다.

이와 매우 흡사한 줄거리를 가진 소설에 러시아 데카당파 작가 표도르 솔로구프(Sologub, Fyodor Kuz'mich)의 『독의 정원(Отравленный сад)』이 있다. 온통 검은색 복장으로 몸을 감싼 기괴한 노년의 식물학자나 그 딸을 연모하는 순정적인 학생이 등장하는 대목까지는 전자와 완전히 동일한 상황이다.

이 소설에 나온 딸도 유년 시절부터 독초 정원에서 자랐기 때문에 온몸이 독소로 물들어 있었다. 어느 밤 젊은 두 사람은 화원 안에서 밀회한다. 이때 딸은 자신의 육체가 지닌 비밀을 털어놓은 다음 어서 빨리 이 정원에서 사라지라고 애원한다. 그러나 사랑에 빠진 청년은 이를 받아들이지 않는다. 이윽고 아름다운 달밤, 온갖 향기가 그윽한 꽃들이 흐드러지게 피어 있는 독초 정원 안에서, 두 사람은 입을 맞추면서 마치 그대로 잠이 드는 것처럼 달빛과 정원의 독기에 매료된 듯 죽어간다.

마르키 드 사드의 『쥘리에트 이야기 또는 악덕의 번영』에도 여자

<그림 35> 바곳(투구꽃)

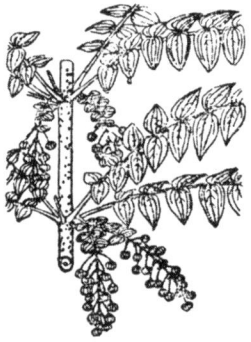

<그림 36> 코리아리아
(*Coriaria japonica*)

<그림 37> 수영
(*Rumex acetosa*)

마법사 뒤랑이 조성하던 기묘한 유독 식물원의 에피소드가 등장한다. 쥘리에트와 크레아빌은 여기서 녹금마(초록 두꺼비)의 유독 분말을 산다.

독을 조금씩 삼키며 차츰 인간의 몸을 면역성 체질로 변모시켜간다는 아이디어는 로마의 역사가 코르넬리우스 네포스(Cornelius Nepos)가 전하는 미트리다테스(Mithridates) 왕의 고사 이래, 알렉상드르 뒤마(Alexander Dumas)의 『몽테크리스토 백작』이나 현대의 추리소설(예를 들어 세이어스[Dorothy L. Sayers]의 『독』)에 이르기까지 매우 자주 활용되고 있다.

몽테크리스토 백작은 의붓딸 바랑티느를 죽이려고 획책하고 있는 검찰총장 빌포르 부인을 향해 다음과 같이 독물학의 한 대목을 강의한다.

"예를 들어 그 독이 브루신(brucine, 인도산 식물 마전에서 채취한 맹독성 알칼로이드)이었다고 가정해봅시다. 그리고 첫날에는 그것을 1mg 드시고, 다음 날에는 2mg를 드십니다. 결국 마지막인 10일째에는 10mg까지 삼킬 수 있게 됩니다. 이렇게 1mg씩 늘려가다 보면 20일째에는 20mg, 즉 사모님에게는 아무런 지장이 없는 양이지만, 미리 이런 대비를 해두지 않았던 사람에게는 매우 위험한 양을 드시게 됩니다. 이리하여 1개월이 끝나갈 무렵에는 동일한 병의 액체를 드시면서 함께 그 액체를 마신 상대방을 죽일 수 있게 되는 것입니다."

<그림 38> 헴록(Hemlock)

<그림 39> 흰독말풀
(Datura metel)

한편 이렇게 독에 의한 살인 방법이 범죄학적으로 세련되어지고, 독살사건이 단순히 왕족이나 귀족들 주변에서뿐만 아니라 서민 사이에서도 빈번히 발생하게 된 것은 역시 19세기 이후의 일이었다. 비소나 인이 서민들에게도 쉽사리 입수가 가능해진 것은 19세기 중엽 이후, 즉 산업혁명이나 공업의 발

<그림 40> 벨라도나

전과 관련이 있다.

이미 독초원 등 중세적인 로맨티시즘은 자취를 감추었고, 범죄가 근대 과학과 손잡고 산업도시 속에서 활개를 치기 시작했다.

다음에 제시할 통계는 알렉상드르 라카사뉴(Alexandre Lacassagne) 박사가 제작한 자료다. 프랑스의 독살사건 건수를 연도별로 보여주고 있다(『법의학개론[Précis de médecine légale]』파리, 1906).

1830~1835년　115건
1840~1845년　250건
1850~1855년　294건
1860~1865년　191건
1870~1875년　99건
1880~1885년　49건
1890~1895년　54건
1895~1900년　34건

이것을 보면 1840년에서 1855년 전후를 정점으로, 독살사건이 서서히 감소하는 경향에 있음을 알 수 있다. 그러고 보니 1850년은 유독한 '황린 성냥'이 사용되기 시작한 무렵이었다. 이런 사실을 염두에 두고 파악해봐야 할 것이다. 프롤레타리아 사이에서는 이른바 '성냥 수프'가 가장 손쉬운 독살 방법이었다.

독약의 분류도 이전과 마찬가지로 단순히 동물, 식물, 광물 등 세 종류의 분류 방식만으로는 미진해졌다. 그런 식의 중세적 약제사 관념으로는 더 이상 복잡한 화학식이나 구조식을 감당할 수 없었다. 17세기의 약제사 크리스토퍼 글레이저(Christopher Glaser)의 뒤를 이어 칼 빌헬름 쉘레(Karl Wilhelm Scheele), 스테판 헤일스(Stephen Hales), 라부아지에(Antoine-Laurent Lavoisier) 등의 화학자가 약학 분야를 비약적으로 진보시켰다. 이에 따라 독약 종류도 매우 복잡해지기 시작했다.

다음에서 제시하는 것은 어거스트 앙브루아즈 타듀(Auguste Ambroise Tardieu)의 명저 『독살에 관한 법의학적·임상의학적 연구』(파리, 1875) 안에서 제시된, 새로운 시대에 부합하는 독약 분류법이다.

(1) 자극성·부식성 중독. 자극성의 국소작용을 야기해 소화기관을 해친다(산, 알칼리, 염기, 염소, 요오드, 취소, 알칼리성 황화물, 준하제 등).

(2) 쇠약성 내지는 유사 콜레라성 증상을 야기하는 중독. 전신성 우발 증상과 급격하고 심대한 생명력 저하를 동반한다(비소, 인, 동염, 수은, 주석, 창연[蒼鉛], 토제[吐劑], 초석[硝石], 수산[蓚酸], 디기탈리스, 디기탈린 등).

(3) 마비성 독물에 의한 중독. 신경계를 압박한다(납의 조합제, 탄산가스, 일산화탄소, 탄화수소, 황화수소, 에테르, 클로로포름, 쿠라레, 벨라도나, 담배, 기타 유독한 가짓과 식물, 헴록, 독버섯 등).

(4) 마취제에 의한 중독. 이른바 나르코티즘(마약중독)이라고 불

리는 특수한 작용을 보인다(아편과 그 성분, 화합물 등).

(5) 경련성 독물에 의한 중독. 본질적 특징으로 신경 중추에 강렬한 작용을 유발하고 동시에 죽음을 초래할 가능성이 있다 (스트리크닌, 마전자, 브루신, 청산, 바곳(투구꽃), 황산키니네, 칸타리스, 장뇌, 알코올 등).

이상과 같은 다섯 가지 종류로 분류가 가능하다. 물론 독물학자에 따라 이와 상이한 분류법을 택하는 경우도 있다.

근대 법의학의 발달에 따라 독물 검출 방법도 현저히 진보해왔는데, 그와 동시에 과거엔 미처 상상조차 하지 못했던 복잡하고 치밀한 독살사건이나 독약 그 자체의 종류가 증가하는 현상도 발견되고 있다. 필시 과학의 진보와 독살 방식의 진보는 병행할 거라고 생각할 수밖에 없다.

1836년에는 영국의 화학자 제임스 마시가 비소의 양을 측량하는 장치를 발명했다. 3년 후, 근대 독물학의 아버지라고도 칭해지는 마티외 오르필라(Mathieu Orfila, 1787~1853, 프랑스의 독물학자)에 의해 어떤 종류의 독이 특정 기관에 선택적으로 고착된다는 사실이 증명되었다. 이후 법의학자는 위장관 및 그 부속기관 안에 있는 독의 양을 측정하는 것에 안주하지 않고 심장, 뇌, 폐와 기타 장기에 있는 독도 검출할 수 있게 되었다.

1840년에는 프레제니우스와 버보가 광물 독 검출을 위한 매우 유효한 방법을 제시했다.

1850년에는 벨기에의 독물학 대가 장 스타스(Jean Stas)가 유명한 보카르메 사건(니코틴에 의한 최초의 살인으로 평가받는 벨기에 백작 '보카르메' 가 일으킨 사건-역주)이 한창일 때 알칼로이드 추출법을 제시했는데, 이것은 내장 속에 있는 니코틴을 검출하기 위한 방법이었다.

1863년 드 라 폼메라이(de La Pommeraie) 사건 당시에는 어거스트 앙브루아즈 타듀(Auguste Ambroise Tardieu)와 루상이 처음으로 독물학에 생리학적 실험을 도입했다.

1906년에는 베르틀로의 『독성가스 분석론』이 나왔는데, 이것은 지금도 독성 가스와 증기에 대한 독물학적 실험의 기초를 이루는 문헌이 되고 있다.

이런 식으로 19세기 동안 독물학 검사 방법의 진보는 눈부셨음에도 불구하고, 범죄자들은 과학이나 법의학적 무기 앞에 완전히 굴복하지는 않았다.

문명국에서 독살의 범죄 수치가 19세기 중엽 이후 급속히 줄어든 것은 분명한 사실이다. 그러나 1세기부터 지금까지 이루어진 범죄에 의한 중독의 통계를 조사해보면, 참으로 신기한 점을 발견하게 된다. 즉, 검출 방법이 아무리 완벽에 가까워졌다고 해도, 독물에 대한 범죄자들의 취향은 여전하다는 사실이다.

황린으로 된 성냥이 어느 순간 무해한 적린으로 바뀌는 바람에 이른바 '성냥 수프'의 유행은 한물가버렸지만, 예를 들어 비소나 스트리크닌 등 비교적 용이하게 입수할 수 있는 맹독은 검출 방법과 무관하게 거의 항상 범죄자들에게 각별한 사랑을 독차지하고 있다.

특히 남자보다 현저히 창의적이지 않은 무지한 여자 독살범에게 이런 경향이 두드러진다. 그들이 아무런 생각 없이 이런 독물을 선호한다는 사실이 통계적으로 입증되고 있다는 점은 무척이나 흥미롭다. 새로운 독물학 지식을 바탕으로 머리를 굴리는 독살범들은 어김없이 항상 남자였다. 남자 독살범들은 비교적 검출되기 어려운 니코틴이라든가 모르핀, 디기탈린 따위를 적극적으로 사용하려 했다.

비소가 정상 상태의 인간 신체 안에서도 존재할 뿐만 아니라 몇십 년, 몇백 년 동안 머리카락이나 뼈에 축적되고 잔류된다는 사실은 잘 알려져 있다. 최근에는 핵반응로에서 고인의 머리카락이나 뼈에 광선을 내리쪼여 아득한 과거에 석연치 않게 죽어간 인간의 사인을 규명해보는 일조차 가능해진 모양이다.

16세기의 스웨덴 왕 에리크 14세(Erik XIV)의 유해(부패 처치가 되어 일종의 미라 상태였다)도 이와 유사한 방식으로 검사되었고, 1962년 나폴레옹의 유해에 남겨진 모발이 역시 이런 방식의 조사 대상이 되었다. 이런 식으로 그간 석연치 않았던 역사의 결정적인 진실이 뒤바뀌거나 개인의 명예가 회복되는 일도 충분히 기대해볼 수 있다.

나폴레옹이 세인트헬레나섬에서 세상을 떠났을 때 그 사인에 대해 독살인지, 병사인지를 두고 온갖 소문이 무성하다가 결국 수수께끼로 남아 오늘에 이르고 있다.

그런데 영국의 과학 잡지 『네이처』가 흥미로운 내용을 발표했다. 글래스고대학의 해밀턴 스미스 박사와 스웨덴 예테보리대학(Göteborg University)의 안델스 바젠 박사가 나폴레옹의 두발에서 보통 사람의 13배에 달하는 비소가 검출되었다고 공표한 것이다. 조사 재료로 사용된 머리카락은 나폴레옹이 죽은 다음 날 채취된 것으로 그것을 하웰실험실(Harwell Laboratory) 핵반응로에서 조사한 결과 이 같은 사실이 판명되었다.

이런 사실만으로 독살설을 채택해버리는 것은 무리일지도 모르지만, 어쨌든 죽기 직전 "나는 영국의 과두정치 앞잡이에게 학살되어 죽어가고 있다"라고 외쳤던 나폴레옹의 말이 다시금 신선하게 현실적인 것으로 환기된다는 점은 부정하기 어려울 것이다.

이런 방식을 좀 더 조직적이고 대대적으로 응용해 역사상 의문의 죽음을 거둔 인물의 무덤을 계속해서 파헤쳐간다면 자못 흥미로울 것이다.

물론 그 때문에 몹시 곤란한 처지에 놓일 정부나 가족도 있을 것이므로, 권력이나 돈의 힘에 의한 방해가 반드시 뒤따를 것이다. 그러므로 이것은 어차피 불가능하고 헛된 꿈에 불과할지도 모른다.

나폴레옹 이야기가 나온 김에 언급해두자면, 나폴레옹도 평생토록 독살 위협을 느끼며 살아온 독재자였고, 본인 스스로도 독약을 사용했다는 혐의를 받고 있다. 캄포포르미오 조약(Treaty of Campo Formio)을 조인한 이후, 집정관들이 그를 위해 개최했던 만찬회에서 잔뜩 차려진 온갖 산해진미에 그는 전혀 손을 대지 않았다. 그는 시리아의 야파(yaffa)에서 페스트에 걸린 병사 87명을 독살했다고 비난당한 적도 있다.

퐁텐블로(Fontainebleau)로 내몰려 결국 제위에서 물러나야 했을 때, 나폴레옹은 1814년 4월 12일 심야에 독약을 마시고 스스로의 생명을 끊으려고 시도했다. 그러나 그가 물에 탔던 독약은 너무 오래되고 축축한 상태였기 때문에 자살 시도는 결국 실패로 끝났다.

어떤 시종의 회상기에 의하면, 황제는 러시아나 영국과 싸웠던 전선에서 항상 독약이 든 작고 검은 비단 주머니를 목에 걸고 다녔다고 전해진다. 물론 이것은 만일의 사태에 대비해 여의치 않으면 자살을 감행하기 위한 것이었다. …

비소가 독물의 세계에서 왕의 자리를 차지한다는 정설은 17세기 이후 여전히 부동의 진실이지만, 비소 다음으로 19세기 내내 세력을 신장시켜왔던 것은 동염이었다.

당시의 소설, 발자크의 『사촌 퐁스(Cousin Pons)』 안에도 분명 그런 대목이 있었다. 병자가 달여 마시는 약에 반지를 담가 몰래 녹청(Patina, 구리 또는 구리 합금의 표면에 형성되는 얇은 피막으로 주로 염기성 유산염-역주)을 녹여 서서히 환자를 죽음에 이르게 하는 장면이었다.

유명한 G. 브누아의 학위 논문(리옹, 1889)에서 뽑은 다음의 표를 보면 비소와 동염, 인을 사용한 범죄가 단연코 다른 것들을 압도하고 있음을 확연히 알 수 있다.

다음 표는 1835년부터 1885년까지 반세기에 걸친 기간 동안에 벌어진 독살범죄 사건의 통계다.

1846년 10월 29일 프랑스에서 독물 판매를 규제하는 법령이 나오기 전까지 비소는 매우 손쉽게 입수가 가능했다. 그런 탓에 1832년

(사용 독물)	(범죄 건수)
비소	836
동염	369
인	340
황산, 초산, 염산	92
칸타리스	59
마전자, 스트리크닌	32
아편, 양귀비, 모르핀	22
청산, 청산가리	9

콜레라가 유럽 일대에서 맹위를 떨쳤을 때는 어쩌면 집단 독살일지도 모른다는 소문이 퍼졌을 정도였다. 주지하는 바와 같이 비소 중독 증상은 종종 콜레라로 오인되기 때문이다.

이토록 위험한 독물이 어째서 별다른 규제도 받지 않은 채 시판되었던 것일까. 갈레노스(Claudius Galenus)나 디오스코리데스(Pedanius Dioscorides, 고대 그리스 약물학을 집대성한 로마 시대의 굴지의 약물학자-역주) 이후 비소는 탁월한 탈모제로 미용 측면에서 활용되었기 때문이다. 이 점에 대해 로니에타 박사는 다음과 같이 언급하고 있다.

> "이 가루약은 현재도 동양 곳곳에서, 그리고 파리에서도 사용되고 있다. 수년 전에도 나는 나폴리의 어느 노부인으로부터 비소 몇 꾸러미를 보내달라는 의뢰를 받았다. 이 가루약을 사용할 때는 타액과 섞어 일종의 반죽처럼 만든 다음, 탈모를

원하는 부위에 이것을 바른다. 몇 분 동안 그대로 건조시킨 다음, 나무 나이프로 벗겨내면 깨끗하게 털이 빠진다."(『비소중독 치료법』파리, 1840)

요컨대 이것은 현재도 미용에 관심 있는 사모님들이 겨드랑이 털 따위를 제거하기 위해 사용하는 탈모 팩과 동일한 방식이다.

그 밖에도 비소는 일반적인 화장수나 의약품, 원예용이나 농업용 약제, 표본 보존 용액, 박제 작업용 비누, 그림물감, 쥐약이나 살충제, 조악한 식료품, 양초(유지에 아비산이 포함되어 있음)에도 미량이나마 포함되어 있다. 이뿐만 아니라 일찍이 오스트리아에서는 웅황과 아비산이 마취제로 사용된 경우도 있었다.

이를 통해서도 알 수 있듯이 인류는 극히 최근까지 자기도 모르는 사이에 습관처럼 자연스럽게 독을 체내에 섭취해왔다.

르네 파브르(Rene Fabre) 교수가 들고 있는 예에 의하면, 1931년 12월 네 명의 선원이 피하출혈로 르아브르(Le Havre) 항구에 있는 병원에 수용되었다. 식품에 의한 중독, 혹은 피부에 철제가 부딪혔기 때문이라고 추정되었다.

그런데 점차 거대 기선회사 두 곳의 선원들 사이에서도 이 병이 유행하기 시작했다. 두 회사에서는 포도주 이외의 모든 식품을 각각 별개의 루트를 통해 구입하고 있었다. 그래서 이 방면에 혐의를 두고 조사해보니 하급 선원들이 마시던 술과 다른 술을 마시고 있던 고급 선원들 사이에서는 단 한 명의 중독자도 나오지 않았고, 애당초 술을 마시지 않는 선원들 중에도 피해를 본 사람이 없다는 사실이 판명되었다.

분석 결과 포도주 1ℓ당 3~19mg의 비율로 비소가 함유되어 있다는 사실을 알게 되었다. 진단이 나오자 즉각 라디오로 그 위험성이 방송되었지만, 안타깝게도 타이밍을 놓쳐 중독이 걷잡을 수 없이 퍼져 이미 만연해진 상태였다.

필시 이 비소는 포도주에 들어 있었을 것이다. 포도에 약을 살포할 때, 잘 녹는 성질을 가진 비소를 함유한 동성(銅性) 액체를 사용하기 때문에 그것이 발효하면서 포도주 안에 들어간 것으로 추정된다.

확연히 가시적으로 드러나지는 않더라도 이런 예는 이 밖에도 무수히 많을 것이다.

비소에 관한 학자들의 논쟁

<그림 41> 피닉스(phoenix)의 그림. 연금술 우의화

19세기 동안 세간을 떠들썩하게 한 유명한 독살사건 중에서 몇 가지 흥미로운 사례를 들어보자.

단, 여기서 다루는 이야기는 모두 비소를 이용한 범죄다. 최근까지 비교적 입수가 간단했던 비소가 독살범(특히 여성 독살범)에게 가장 애용된 독약이었다는 점에 대해서는 이미 언급한 바 있다. 니코틴, 모르핀, 스트리크닌, 디기탈린, 인 등을 사용한 스타일리시한 범죄 사례는 비소의 경우에 비하면 훨씬 소수에 그친다. 이런 기괴한 범죄 사례에 대해서는 향후 다른 기회에 소개할 예정이다.

(1) 나네테 쇤레벤(Nannette Schoenleben, Anna Zwanziger)

독일 여성이다. 젊은 시절부터 도둑질을 일삼던 밤거리 여성이었는데, 두 번의 결혼 생활 동안 두 번 모두 남편을 살해했고, 세 번째 애인과 결혼하고자 면도날로 혈관을 그어 떠들썩한 자살 기도를 연출한 적도 있다. 결국 궁핍한 생활 탓에 하녀가 되었는데 어디를 가든 주인들로부터 좋은 평판을 얻었다. 예컨대 아이들을 잘 돌본다거나, 싹싹하고 붙임성이 좋다거나, 눈치가 빨랐다는 평가를 받곤 했다. 그러나 그녀는 다른 사람들이 쉽사리 간과할 수 없는 끔찍한 취향을 가진 인간이었다.

예를 들어 글레이저(Glaser) 부인이라는 여성은 소원해진 남편과의 사이를 나네테가 중재해주어 기뻐했는데, 그로부터 4주 후 갑자기 죽어버렸다. 믿을 수 없는 일이 발생한 것이다. 게버하르트

(Gebhard) 부인의 집에서 나네테는 아이들을 잘 돌봐준다며 후한 대접을 받았는데 점점 주위 사람들로부터 의혹의 눈초리를 받게 되었다. 그리고 결국 해고를 당했는데 집을 나가기 전 또다시 내면의 충동을 억누르지 못한 채 소금단지 안에 비소 한 주먹을 넣고 나왔다. 그런데 이번엔 범행 현장에서 발각되고 말았다.

1809년에 체포된 그녀는 결국 처형을 당하게 되는데, 죽기 전에 "내가 사형에 처해지는 것은 인류에게는 바람직한 사건입니다. 나는 독으로 사람을 죽이고 싶다는 심정을 도저히 억누를 수 없으니까요"라고 말했다고 한다.

(2) 올라문데 백작 부인

이 여성도 독일 여성이다. 결혼 전 이름은 마가레테 고트프리트(Margarethe Gottfried)라고 칭했다. 17세기의 브랭빌리에 부인처럼 우선 자선병원에 병문안을 가서 환자들에게 독약을 주면서 사람을 죽이는 재미를 맛보게 되었다. 독살 애호자의 전형적인 패턴이다.

첫 남편은 병으로 죽었는데 두 사람 사이에 세 명의 아이를 남겼다. 세 명이나 되는 아이를 모조리 죽였을 뿐만 아니라 세 번째 정부, 집주인, 채권자 등 체포될 때까지 모두 15명 정도의 인간을 잇따라 독살해버렸다. 체포된 것은 1828년이다.

어쨌든 이 시대에는 비소의 양을 측정하는 장치도 아직 발명되지 않았기 때문에, 중독사와 관련된 법의학자의 의견도 제각각이었다.

<그림 42> 드래곤 그림. 연금술 우의화

따라서 결정적인 증거를 포착하지 않는 한, 언뜻 보기에 평판이 좋은 여성이나 당당한 백작 부인을 굳이 고발하기란 설령 경찰 권력을 확보하고 있다고 해도 좀처럼 시도하기 힘든 일이었다.

(3) 메르시에 사건

이번에 소개할 사건은 프랑스에서 일어났다. 이 사건은 다음에 전할 라파지 부인 사건과 더불어 독물학자 사이에서 학문적인 대립과 논쟁을 불러일으키는 바람에 역사적으로 유명해진 사건이다.

사건 자체는 매우 단순했다. 두 번째 결혼으로 마리 샹페랑이라는 여성과 살게 된 루이 메르시에에게는 아들이 있었다. 전처와의 사이에서 얻었던 니콜라였다. 백치로 태어난 이 사내아이는 심지어 심각한 알코올 중독자이기도 했다. 새 아내는 흉하고 불결한 아이를 몹시도 끔찍해하며 "혹시라도 저 아이를 이렇게 계속 이 집에 둘 작정이라면 내가 먼저 나갈 테니 알아서 해요"라며 종종 남편을 겁

박했다. 결국 메르시에는 마음을 굳히고 1온스의 비소를 입수해 3일 후 이것을 니콜라에게 먹였다. 위가 타버릴 것 같은 격한 통증에 괴로워하다가 가엾은 니콜라는 1838년 12월 22일 세상을 떠났다.

조금만 생각해봐도 이것은 부부 간의 공모에 의한 범행으로 여겨진다. 아들의 치료를 위해 의사를 부르지도 않았고 부검도 행하지 않은 채 급히 매장해버렸다. 어쨌든 근처에서 흉흉한 소문이 나돌기 시작해 메르시에는 결국 체포되었고, 10개월간 경찰서에 유치되었다가 디종(Dijon)에 있는 중범죄 재판소에서 판결을 받게 되었다.

이때 근대 독물학의 아버지로 불리는 그 유명한 오르필라가 검찰 측 증인으로 중대한 발언을 했다. 오르필라의 의견에 의하면 묘지의 흙이나 시체에도 비소가 함유되어 있었다. 그러나 흙이 시체 안으로 침투한다는 것은 물리학적으로 도저히 불가능할 것이기 때문에 결국 니콜라는 죽기 전 누군가에 의해 독을 들이켰을 거라는 이야기였다. 그는 시체를 수프에 들어가는 고기처럼 끓여 소량의 비소를 추출해내는 데 성공했다.

그런데 그보다 앞서 시체를 파내 감정했던 법의학자들의 의견에 따르면, 시체에는 딱히 이상 징후는 발견되지 않았다. 단, 비장이 다소 비대해져 있다는 사실이 인정될 뿐이었다. 실은 니콜라가 알코올 중독 환자였다는 사실을 환기해보면 딱히 이상할 것도 없는 이야기였다. 심지어 변호인 측 증인으로 법정에 출두한 화학자 라스파유(François-Vincent Raspail)는 오르필라와 완전히 정반대의 의견을 내서 법정에 나온 판사나 검사들을 당혹스럽게 만들었다. 그가 진술한 요점을 간단히 요약하면 결국 다음과 같은 내용이었다.

"비소는 자연계의 도처에서 발견되는 물질입니다. 예를 들어 저기 계신 재판장의 의자 안에도 존재합니다. 이 책상 위에 있는 녹색 종이도 비산동 혼합물로 도포되어 있지요. 예를 들어 모래 안에 석탄이나 단백질이 섞여 있는 것처럼, 토양 속 구성 요소로 비소가 포함되어 있다손 치더라도 전혀 신기한 일이 아닙니다. 이처럼 비소가 퇴비, 먼지나 쓰레기, 색이 포함된 종이나 물감에도 들어 있다면, 빗물의 침투에 의해 무덤의 흙 속에서 분해되고 부패될 시체 안에 비소가 섞여 들어가지 않았을 거라고 누가 과연 장담할 수 있을까요."

무덤의 흙 속에는 비소가 얼마나 포함되어 있을까. 시체로의 침투는 정말로 가능할까. 이런 문제들은 이후의 재판에서도 몇 번이나 거듭 소환되어 19세기 화학자들의 머리를 지끈거리게 했다. 지금도 학자들의 의견은 둘로 팽팽히 갈려 결정적인 정답은 도출되지 않은 상태다.

어쨌든 비소가 자연계에 광범위하게 분포되어 있을 뿐만 아니라 이 독이 정상 인간의 몸속에도 존재하고 있다는 사실이 증명될 때까지, 이 사건 이후 A. 고티에, G. 베르트랑 같은 학자들의 온갖 실험이나 연구가 필요했다.

그러나 메르시에 사건의 재판소에서는 권위 있는 오르필라의 의견에 손을 들어주었다. 결국 사후 시체로의 침투가 가능하다고 역설한 변호인 측 주장은 인정되지 않았고, 이에 따라 메르시에는 무기징역에 처해졌다. 한편 메르시에의 아내는 무고 선고를 받았다.

(4) 라파지(Marie Lafarge) 부인 사건

이 사건은 19세기 프랑스 범죄사상 불후의 명성을 남긴 사건이다. 수없이 인구에 회자되었고 수많은 해석이 시도되었다. 100년 이상 지난 현재에도 여전히 새로운 해석이 시도되고 있으며 종신징역에 처해졌던 라파지 부인을 성녀로 추앙하고자 온갖 방안을 짜내는 오지랖 넓은 사람도 등장했을 정도다.

귀스타브 플로베르(Gustave Flaubert)의 『감정교육(L'Education sentimentale)』 첫머리에는 주인공 프레데릭 모로가 고향에 있는 어머니 집으로 돌아오던 길에 우연히 모여 있던 승객들 중 한 사람으로부터 갑자기 "라파지 부인에 대해 어떻게 생각하세요?"라는 질문을 받고 깜짝 놀라는 장면이 있다. 그 정도로 이 사건은 당시 사람들에게 중요한 화젯거리였다.

학자들 사이에서도 메르시에 사건과 마찬가지로 극과 극으로 의견이 팽팽하게 갈린다. 투여된 약물, 죽음에 이르게 된 사인, 부검에 따른 장기 분석 등에 대해 격한 논쟁이 거듭되었다.

그렇다면 우선 독살로 간주된 사건의 개요를 살펴보자.

결혼하기 전 라파지 부인의 이름은 마리 카페(Marie Cape)였다. 1816년 근위대 장교인 아버지와 사교계를 드나들던 어머니 사이에서 태어나 파리에서 훌륭한 교육을 받았고, 아무런 부족함 없이 성장한 미모의 여성이었다. 그러나 그녀의 집안 자체가 경제적으로 매우 유복했던 것은 아니어서, 24세 때 네 살 연상의 찰스 라파지(Charles Pouch-Lafarge)라는 남자와 결혼했을 당시 그녀가 가져간 지참금은 거의 없다시피 했다.

라파지는 프랑스 남부 코레즈(Corrèze) 근처의 그랑디에(Glandier)라는 곳에서 주물공장을 경영하고 있을 정도였기 때문에 상당한 자산가였고, 초혼 상대자와는 사별한 상태였다. 마리는 말하자면 재취로 들어간 셈이었다.

그런데 이 결혼 생활에는 애초부터 불길한 그림자가 어른거리고 있었다. 마치 에밀 졸라의 소설을 연상시킨다. 파리에서 태어나 성장한 우아하고 기품 있는 아내와 시골 생활에 익숙한 촌스러운 공장주 일가는 기질적으로 달라도 너무 달랐다. 기차를 타고 시골 역에 도착한 젊은 아내는 남편과 함께 살게 되고나서도 9일간 육체관계를 계속 거부했다고 전해진다.

마리가 시골집에 익숙해지기까지는 상당한 우여곡절이 있었던 것으로 추정된다. 젊은 아내가 이혼을 요구하는 편지를 쓰고 집을 나가버린 적도 있었다. 편지에는 온갖 이야기가 담겨 있었다. 본인은 도저히 남편을 좋아할 수 없다는 사실, 사랑하는 남자가 있다는 내용, 만약 이혼을 인정해주지 않는다면 독약을 마시고 죽어버리겠노라는 협박성 문구까지 적혀 있었다.

결국 그녀는 체념하고 라파지 집안에서 가까스로 자리를 잡게 되었고, 사람 좋은 남편과도 함께 생활하게 되었다. 남편은 새 아내를 진심으로 사랑했으며, 그녀의 미모나 교양에 흡족해했다. 그렇다고 라파지라고 불렸던 이 사내가 그 정도로 교양이 없고 안하무인의 인물은 아니었다. 화학 지식도 제법 갖추고 있었으며, 그 무렵에는 공업과 관련된 새로운 기계 장치까지 발명했을 정도였다. 그리고 이 발명과 관련된 특허권을 취득하기 위해 그는 1839년 11월 24일 파리로 출발했다. 사건은 여행지에서 발생했다.

시골에 있던 가족들로부터 파리의 라파지 숙소로 어느 날 소포가 도착했다. 열어보니 안에 든 것은 수제 슈크림이었다. 아내의 사진과 편지도 들어 있었다. 프랑스 시골에서는 가정에서 슈크림을 직접 만들어 먹었다. 라파지는 반가운 마음에 아내가 보내준 이 선물을 허겁지겁 먹었다. 얼마 후 맹렬한 구토가 엄습하면서 고통에 몸부림치기 시작했다. …

그런데 훗날 조사한 바에 의하면, 이 슈크림을 만든 사람은 아내인 마리가 아니라 라파지의 어머니를 포함한 다른 여자들이었다. 정작 마리 본인은 부엌에 일절 발을 들여놓지 않았다고 한다. 그런데 그보다 수일 전, 쥐를 없애기 위해 약국에서 비소를 샀던 당사자가 바로 마리였던 것이다. 도대체 누가 슈크림에 비소를 섞었단 말인가?

심지어 라파지는 어린 시절부터 병적인 발작을 일으키는 지병을 가지고 있어서 성인 이후에도 종종 발작을 일으키곤 했다. 기대를 모았던 특허권 취득 절차가 순조로운 진척을 보이지 않자, 파리에서 그는 매일같이 사방을 헤매고 다녀야 할 판국이었기 때문에 몸

<그림 43> 호문쿨루스(homunculus, 소인)의 탄생. 연금술 우의화

시 피로한 상태였다. 이런 속사정도 있었던 만큼 어쩌면 단순한 소화기 질환이었을지도 모른다.

어쨌든 라파지의 발작은 일시적으로는 진정되어 그랑디에 마을로 돌아올 때까지 소강 상태를 보였다. 그가 세상을 떠난 것은 자택으로 돌아온 다음이었다. 아내나 어머니가 간병을 해주던 와중에 그는 1840년 1월 14일 숨을 거두었다. 이런 상황을 생각해보면 독이 슈크림 속에 섞여 있었다고도 단언할 수 없다는 말이 된다. 요컨대 자택으로 돌아오고 나서 어떤 자에 의해 독살당했을지도 모를 일이다.

어떤 사람들의 증언에 의하면 병든 남편이 돌아오자 마리는 헌신적으로 간병에 임했다고 한다. 또 다른 증언에 따르면 그녀는 먹잇감에서 눈을 떼지 않는 고양이처럼 죽어가는 남편의 모습을 계속해서 냉철히 응시하고 있었다고 한다.

이렇게 라파지가 죽고 나자 독살 혐의가 있다며 맨 먼저 소란을 피우기 시작한 것은 고인의 어머니였다. 즉시 당국은 이 사건을 주목하게 되었다. 무덤을 파헤치고 시체를 꺼내 내장 분석을 행했다. 이 조사가 얼마나 엄밀한 감독하에 진행되었는지는 알 길이 없지만, 어쨌든 분석 결과 노란 아비산 침전물이 발견되었고, 1840년 1월 25일 혐의를 받았던 라파지 부인은 즉각 체포당하는 처지에 놓였다.

그러자 마침 때를 같이하여 예기치 못했던 기묘한 일이 벌어졌다. 라파지 부인이 소녀 시절부터 절친한 친구로 지냈던 마리 드레오트라는 여자가 1년 정도 전에 자기 집에서 라파지 부인에게 다이아몬드를 도둑맞은 적이 있다며 당국에 고소를 했던 것이다. 사건의 진위는 둘째 치고, 이런 일이 있었다는 사실 자체가 라파지 부인에 대한 당국의 심증을 현저하게 악화시키는 효과를 주었다.

이런 식으로 진행되다 마침내 9월 9일, 투르(Tours)의 중범죄 재판소에서 독살사건 법정이 열렸다. 그녀는 피고인 신분으로 법정에 서지 않을 수 없게 되었다.

법정은 다시금 독물학자들의 거대한 격론의 장으로 변해버렸다. 우선 감정을 위해 법정에 나온 의사들은 전원 일치로 시체 안에 비소가 존재하지 않는다고 증언했다. 초조해진 검찰국은 다시금 그 유명한 거물 독물학자 오르필라의 등장을 간절히 요청하게 되었다.

법의학계의 이 거물이야말로 그 어떤 곳에서도 반드시 비소의 극미량을 발견해줄 것이다.

실제로 당시 오르필라의 명성과 권위는 하늘을 찌르는 상황이었고 본인도 자신만만해했다. 반드시 피의자가 꼼짝달싹하지 못할 증거를 발견해줄 것이다. 유아독존의 오만한 태도는 반대파 학자들의 빈축을 샀을 정도였다.

오르필라의 진술 요점은 대략 다음과 같은 것이었다. 즉, 라파지의 시체에는 분명 비소가 존재하고 있다. 이 비소는 해부에 사용되는 시약에서 나온 것도 아니며, 관 주변에 있던 토양에서 나온 것도 아니다. 아울러 정상 상태의 인간의 체내에 있는 함유분이라고 할 수도 없다. 운운.

오르필라의 태도는 대단히 위압적이고 독선적인 것이었다. 반드시 독물의 존재를 증명해주겠노라는 의도가 처음부터 그의 뇌리에 깊숙이 박혀 있었던 것으로 보인다. 시골 재판소 감정인 따위가 무엇을 알겠느냐는 오만한 태도가 훤히 들여다보였다. 추출된 비소의 양은 고작 0.5mg에 불과했다!

오르필라의 증언에 힘입어 검찰국은 라파지가 며칠 동안 계속 아내의 소행으로 비소를 먹게 되는 바람에 쇠약해져서 마침내 죽음에 이르렀다는 주장을 집요하게 반복했다. 이리하여 재판소도 이 의견으로 기울어져서 라파지 부인은 종신 징역을 선고받았다. …

사건은 이렇게 막을 내렸지만, 여기서 놀랄 만한 후일담이 있다는 사실을 덧붙여두고자 한다. 이전에 피고의 변호사는 오르필라의 논리와 대척점에 있던 화학자 라스파유를 법정에 소환해 그에게 시체의 재검정을 행하게 해줄 것을 재판장에게 신청했다. 그런데 라스파유의 도착이 지체되어 그 전에 판결이 내려져버렸던 것이다. 그래서 라스파유는 분한 마음을 가눌 길 없어 자신이 직접 조사한 결과를 팸플릿으로 정리해 여론에 호소하는 방식을 취했다.

그에 따르면 라파지 부인은 "개탄스러운 재판상의 오류와 잘못된 화학적 조사 방식의 희생자"라고 할 수 있으며, 그야말로 무고한 죄를 뒤집어쓰고 복역하는 상황이었다.

라스파유의 주장은 대략 다음과 같다. 즉, 독살이라는 고소는 라파지 집안의 음모에 의해 행해진 것에 불과하다. 라파지의 사인은 실은 비소에 의한 것이 아니라 그를 진찰하러 온 레스피나스 박사가 환자에게 잘못 투여한 산화철 탓이다. 환자의 증상을 제대로 파악하지 못한 의사의 오진으로 9온스의 산화철이 그에게 투여된 것이다. 이것은 위장병이 있는 환자 9명을 동시에 죽일 수 있을 정도의 분량이었다.

아울러 부검 시 채취된 법의학적 처치는 매우 부적절한 것이었다. 예컨대 시체 해부(사후 8개월째에 이루어졌다)에 대한 보고서가 존재하지 않는다. 따라서 발굴된 시체가 라파지의 시체라는 확증조차 전무하다. 운운. …

이런 식으로 라스파유는 다양한 반론을 제기하면서, 확고한 화학적 증거가 없음에도 불구하고 재판소가 오르필라의 권위에 복종한 것을 격렬히 비난했다. 해당 분야의 최고 권위자라는 이름에 얽매인 나머지 기타의 반증을 모조리 무시한 재판소의 처사는 비난받아 마땅하다고 주장했다.

이 지경에 이르자 인간의 판단이라는 것이 얼마나 허술한 것인지를 절실히 느끼지 않을 수 없었다. 자연히 모든 재판에 불신의 의혹이 향하게 되었다. 혹시라도 라스파유의 논리가 올바른 것이라면? 라파지 부인에게 아무런 죄가 없다면? …

라파지 부인 본인도 판결을 받은 지 6년 후, 절절한 심정을 토로하며 몽펠리에 감옥에서 심리의 부당함을 호소하는 장문의 편지를 오르필라에게 보내고 있다. 실로 조리 있고 당당한 글이었기 때문에 그녀의 지성을 충분히 신뢰할 수 있게 해주는 힘을 갖추고 있었다. 그러나 오르필라는 이 편지에 대해 완강히 침묵을 지켰던 것으로 보인다. 재심리 요구 편지는 이렇게 묵살되었다.

(5) 라코스트 부인

이 사건은 스페인 국경에서 그리 멀지 않은 프랑스 남부 제르(Gers)에서 발생했다. 앞서 나왔던 라파지 사건과 유사한 측면도 있는데, 유산 상속이라는 금전적 문제와 얽혀 있기 때문에 언뜻 보기에 여성의 범행 동기에 한층 현실적인 요소가 발견되었다.

오슈(Auch) 근처에 있던 한 마을의 지주 앙리 라코스트(66세)는 줄곧 자신이 교육비 등을 대왔던 조카 유제니 베르제와 1841년 5월 결혼식을 올렸다. 부부의 나이 차이는 무려 43세였다. 다시 말해 신부는 결혼 당시 23세였다는 이야기다.

그런데 결혼 후 아무리 기다려도 도무지 아이가 생기지 않았다. 그러자 색을 밝히던 노인은 아내를 내팽개쳐두고 하녀에게 손을 대서 사생아를 만들어버렸다. 그뿐만 아니라 노인은 자신이 죽으면 재산을 나눠주겠노라고 하녀에게 이미 약속까지 해준 모양이었다. 독수공방을 감내하던 라코스트 부인은 불안감에 견디지 못해 이 사실을 멜로라는 사내에게 털어놓은 후 어떻게 해야 할지 의논했다. 멜로는 마을의 초등학교 교사였는데 일찍이 약학을 공부한 적이 있는 사내였다.

이 남자가 독약을 쓸 것을 부인에게 권했던 것일까? 아니면 직접 노인의 술에 독을 탄 것일까? 어쨌든 노인은 어느 밤 취한 상태로 마을 축제에서 돌아오더니 그대로 병석에 눕게 되었다가 결국 일어나지 못한 채 얼마 후 세상을 떠났다. 1843년 5월 24일의 일이었다.

처음엔 아무도 의심하지 않았다. 정당한 지위에 있던 아내가 남편의 유산을 상속하는 것은 딱히 이상한 일이 아니었기 때문이다. 하지만 오랫동안 애정에 굶주려 지냈던 아내가 남편이 죽자마자 지나칠 정도로 문란한 행동에 빠져 지내기 시작하자, 안 그래도 말 많은 마을의 아낙네 무리들이 잠자코 있을 리 만무했다. 그토록 정신을 못 차리고 사내에 빠져 지내는 것은 필시 끔찍한 죄의식에서 벗어나기 위해서일 것이다. 사람들은 이렇게 뒤에서 수군대기 시작했다. 이런 뒷담화가 그녀의 귀에까지 들어가게 되자, 라코스트 부인 쪽도 잠자코 있을 수는 없는 노릇이었다. 즉각 초심재판소 검사에게 편지를 보내 남편 시체에 대한 조사를 의뢰했다.

당시엔 이미 제임스 마시의 장치가 법의학에 응용되고 있었기 때문에 즉각 감정이 진행되었다. 그러나 그녀의 기대와는 달리, 감정 결과 간장에서 다량의 비소(5mg 이상)가 포함되어 있다는 사실이 드러났다.

라파지 사건 때 측정된 0.5mg과 비교해보면 양적으로도 차원이 달랐다. 심지어 관 주위 토지에는 전혀 비소가 함유되어 있지 않았다!

1844년 7월, 오슈 지방의 중범죄 재판소에서 법정이 열렸을 때 그때까지 6개월이나 사법의 눈을 피해 도망을 다니던 라코스트 부인은 결국 자수하게 되었다.

라파지 부인 사건의 변론 결과를 생각해보면 이 사건은 당연히 피고의 유죄로 막을 내릴 거라고 여겨졌다. 그런데 이 사건을 담당한 변호사는 독물학 지식에 밝은 인물로 변론도 매우 탁월한 사람이었다. 정상 상태의 인간 체내에 함유된 비소의 양이라는 무척 미묘한 문제에 변론의 초점을 둔 그는 죽은 라코스트가 살아 있을 때부터 수포진과 헤르니아(hernia) 치료를 위해 비소를 함유한 약품을 사용하고 있었다는 사실에 주목하고, 검찰 측 증인의 주장을 조목조목 반박해가며 하나씩 뒤집어가다가 마침내 피고의 무죄를 쟁취해내는 데 성공했다.

"과학적 가설을 우리는 과연 신뢰할 수 있을까요? 내일의 과학은 어제의 과학에 철퇴를 내리칩니다. 의사의 진료를 받는 게 싫었던 라코스트는 몇 년 전부터 직접 조합한 약을 자기 병의 치료에 사용하고 있었습니다. 우연이지만 그는 어쩌면 스스로를 독살시켰던 게 아닐까요? 피고가 그 남편에게 비소를 마시게 했다는 증거가 전무한 이상, 이 독은 라코스트 체내에 자연스럽게 존재하고 있었다고 생각해야 마땅하지 않을까요?"

만약 라파지 사건 때의 변호사가 이 변호사만큼 독물학 지식에 능통했다면 어쩌면 그녀에게도 무죄 선고가 내려졌을지도 모른다. 라파지에게는 병적 발작이라는 지병이 있었고, 그 치료를 위해 의사의 권유로 콜타르를 복용하고 있었다. 이런 사실을 역설했다면 어쩌면 그의 죽음도 의료상의 우연사라고 인정되었을지도 모른다.

독살사건 재판에는 법의학이나 독물학에 능통한 변호사가 절대적으로 필요하다. 과학적 개연성의 문제가 모든 것을 결정지어버린다는 사실을 이 두 재판만큼 명료하게 제시해주는 예는 없을 것이다.

다양한 독살사건

<그림 44> 갈레노스(Claudius Galenus)와
히포크라테스(Hippocrates)의 초상화가 들어간 의약서. 17세기

앞장에 이어 19세기에 발생한 비소 관련 유명한 독살사건의 사례를 몇 가지 더 들어보겠다.

(6) 엘렌 제가도(Hélène Jégado) 사건

프랑스 브르타뉴(Bretagne) 지방 출신의 이 여자는 주변에서 흔히 파는 비소를 이용해 1833년부터 1851년에 이르는 18년 동안 무려 34명의 인간을 독살했다는 끔찍한 기록의 소유자이다. 이 정도쯤 되면 네크로필리아(necrophilia, 시체애호증) 이외의 다른 이름으로 부를 수도 없는 노릇이다. 일종의 정신병자라고 봐야 한다.

죽음의 신은 그녀와 손을 잡고 온갖 마을에 모습을 드러냈다. 그녀가 하녀로 들어간 집에서는 온 가족이 몰살당하는 참사도 드물지 않았다. 겉보기에는 자못 영리하고 신앙심도 돈독해 보였기 때문에 교회의 사제들이나 그녀를 고용한 가정의 주인들은 모두 그녀를 신뢰했다고 한다.

그러나 그녀가 사용한 교묘한 독약 처방은 해당 분야에 지식이 없는 의사들을 감쪽같이 속였고, 돌팔이 의사는 성문하후두염으로 착각해 빈사 상태에 빠진 중독자에게 구즈베리 시럽을 마시게 하는 등 어이없는 처치를 했다. 그런 꼴을 지켜보며 그녀는 얼마나 회심의 미소를 지었을까.

그녀가 결국 체포당한 이유는 두 의사가 공동으로 작성한 진술서 때문이었다. 그 무렵 대부분의 범행은 이미 법적으로 시효가 지난 상태였다. 그러나 1843년 이후 11건의 도둑질, 3건의 독살, 3건의 독살 미수 건이 있었는데 엘렌은 이 모든 범죄를 완강히 부인했다. 그러나 세 명의 희생자 내장에서 상당량의 비소가 검출되었다.

궁지에 내몰려 더 이상 반박이 불가능해지자 엘렌은 태연스럽게도 모순된 이야기를 늘어놓거나 묵비권을 행사했다. 결국 그녀의 변호사도 모든 것을 포기하고, 최후의 수단으로 엘렌을 도덕 관념이 완전히 결여된 살인 마니아, 즉 일종의 정신병자로 치부하며 변호하는 것밖에는 손쓸 방도가 없게 되었다.

분명 그녀는 불행한 정신병자임에 틀림없었다. 아마도 오늘날의 재판 상황이라면 변호사의 주장대로 그녀가 가야 할 시설에 수용되게 되는 결말로 끝났을지도 모른다. 그러나 1851년 당시는 사정이 지금과 완전히 딴판이었다. 결국 그녀는 마지막까지 자신의 무죄를 외치면서 단두대에서 목이 잘렸다.

(7) 반 데르 린덴(Van der Linden, Maria Swanenburg)

1887년 네덜란드 헤이그에서 재판을 받았던 반 데르 린덴이라는 여성 범죄자 역시 전자와 마찬가지로 범행 동기가 매우 애매했다.

추한 용모의 소유자였던 그녀는 임시간호사로 근면하게 일했지만 자신의 어머니, 아버지, 세 명의 아이를 잇따라 독살하고, 나아가 100명 이상의 인간에게 비소를 먹이려고 시도했다. 그 이유도 매우 사소한 것이었기에 실로 놀라움을 금할 수 없다. 어떤 상호 부조회

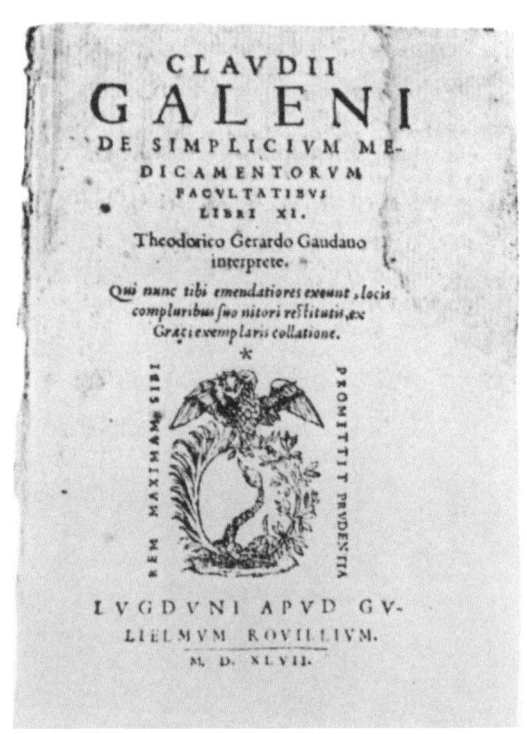

<그림 45> 갈레노스의 책. 16세기

에서 내주는 경미한 보험금을 타기 위해 그토록 끔찍한 일을 저질렀다고 하는데, 물론 진정한 동기는 내면 깊숙이에서 꿈틀대던 어두운 충동일 것이다.

(8) 약제사 당바르 사건

지금까지 언급해온 사건은 대부분 범인이 여성이었는데, 이제부터 소개할 19세기의 독살사건은 남성들이 주역으로 활약한 저명한 사건이다. 맨 먼저 거론해야 할 사건은 예심 과정에서 격렬한 논쟁을 불러일으켰던 당바르 사건이다.

모뵈주(Maubeuge)에서 약제사를 업으로 삼고 있던 당바르는 1877년에 자신의 젊은 아내에게 극소량의 비소를 조금씩 먹게 해서 그녀를 독살했다는 혐의로 체포되었다. 이는 익명의 제보자에 의한 것이었다. 실은 주치의 중 한 사람은 사망 원인을 장티푸스라고 했고, 다른 한 사람은 뇌막염이라고 하는 형국이라 둘 중 하나로 결정을 내릴 수 없는 증상을 보였던 모양이다. 그럼에도 구역질과 식은땀을 동반하는 점진적 쇠약에 의해 죽었다는 이유로 법정에서는 독살 혐의가 농후하다고 여겨졌다.

이때 명성이 자자한 독물학의 권위자 부에이 교수는 내장 감정 결과에 대해 조목조목 반박하며 독살의 근거로 판단된 증상들만 가지고 결론을 내리기에는 매우 불충분하다고 주장했다. 예컨대 신경성 장염은 비소 중독과 매우 흡사한 증상을 보이곤 한다.

게다가 경찰당국이 결국 피고의 약국에서 비정상적인 비소량을 검출할 수 없었기 때문에, 예심은 무려 4개월이라는 장기간에 걸쳐 면밀히 진행되었다. 병자의 방에 처져 있는 커튼, 카펫, 침구, 병자가 입고 있던 의류, 병자가 마시던 포도주, 그녀가 호흡했을 먼지까지 분석의 대상이 되었다. 이것은 당시로서는 상당히 꼼꼼히 행해진 조사라고 할 수 있다.

이리하여 발견된 극미량의 독물에 의해 1878년 5월 마침내 당바르는 무기징역 판결을 받는 상황에 봉착했다. 그러나 본인도 끝까지 무죄를 강력히 주장했기 때문에, 24년이 지나 감형의 은전을 받았음에도 불구하고 계속해서 재심리를 요구했다. 그러나 프랑스 최고재판소는 새로운 사실을 드러내는 증거가 없다는 이유를 들어 이 요구를 기각했다. 결국 1923년(판결을 받은 지 무려 45년이 되던 해!), 그가 받았던 유죄 선고가 취소되었지만 그로부터 얼마 후 그는 세상을 떠났다.

(9) 시계 기술자 페르

당바르 사건의 재판에는 적지 않은 의문점이 있었고 판결에 정상 참작의 여지도 있다고 여겨지지만, 이제부터 소개할 시계 기술자 페르의 경우는 변호의 여지조차 없을 정도다. 관능적인 욕망과 금전적 욕망을 거침없이 드러낸, 그야말로 깜짝 놀랄 살인마의 범행이었기 때문이다.

법정에 모습을 드러낸 페르의 겉모습은 재판관도 경악할 정도로 무시무시한 모습이었다고 전해진다. 해골 같은 몰골에 머리카락은 듬성듬성한 상태였고 수염만 덥수룩했다. 심지어 그는 일종의 과대망상증에 빠져 스스로를 독물학 권위자로 착각하며 법정에서 장황하게 변명을 늘어놓았다.

페르에게 살해된 희생자들의 유해를 감정한 법의학자 폴 브루어델(Paul Brouardel) 교수는 법정에서 페르를 만나기 전, 실은 그에 대해 잘 알고 있었다. 안면이 있던 사이였기 때문이다. 교수가 대학에서 독물학 강의를 하던 무렵, 페르는 종종 그의 교실에 나타나 교수의 강의를 열심히 듣곤 했다.

"법정에서 페르는 기소장과 내가 작성한 감정서에 온갖 트집을 잡았다"라고 교수 스스로 말하고 있다. "자신에게 유리할 수도 있는 온갖 논거를 끄집어내서 나의 의견에 조목조목 반박했지만, 그런 모든 논거들은 모조리 과거 내가 교실에게 그에게 가르쳐주었던 것이다"라는 말도 했다.

높다랗게 위치한 판사석 아래서, 과거 알고 지냈던 법의학 교수와 그 학생(기실은 범인!)이 서로 자신이 알고 있는 지식을 총동원해 독물학 논쟁에 관한 전면전을 펼치고 있었다. 더할 나위 없이 흥미진진한 구경거리였을 것이다. 과연 어떤 내용으로 진행되었을까?

진검 승부를 내려는 페르의 방식은 어쩌면 정정당당했을지도 모른다. 그러나 그의 풍모나 진술 태도에는 배심원들의 공감을 이끌어낼 만한 것이 전무했다. 과거 생탄(Sainte-Anne) 감옥에 수감된 적이 있는 전과자 처지인 그에게는 미치광이들에게 발견되는 허영심이 엿보였고, 당시 온갖 직업을 전전하던 상태였다. 시계 기술자, 극장 경영자, 교사, 오르간 연주자, 돌팔이 의사 등의 경력을 고려하면 그가 상당한 인텔리였다는 점만은 분명하다. 이미 어머니와 두 명의 정부를 살해했지만 이들의 사인에도 상당히 애매한 점이 있었다.

이후 시계 기술자 일을 다시 시작해 결혼도 하지만, 결혼 후 불과 2개월 만에 그의 아내를 위장염으로 잃었다. 위장염으로 사망한 것도 무척이나 석연치 않았다. 그리고 바로 또다시 그는 새 아내를 맞이해 그녀가 가지고 온 지참금을 이용해 독약을 대량으로 구매했다. 당시 파리 경시청이 예산 부족을 보완하기 위해 팔아치우던 독약들이었다.

몽트뢰유(Montreuil)에 있었던 그의 별장에는 이런 독약들이 산더미처럼 쌓여 있었다고 한다. 필시 페르는 경악하는 아내나 장모의 면전에서 플라스크나 작은 병들을 흔들면서 독약 실험을 하는 것에 악마적인 환희를 느끼고 있었을지도 모른다.

그러나 끔찍한 이 시계 기술자의 마지막 희생자는 두 번째의 아내가 아니라 그에게 푹 빠져 열을 올리고 있었던 정부였다. 그녀는 격렬한 중독을 일으키며 열흘 후 죽었는데, 그동안 단 한 명의 의사에게도 진찰을 받지 못했다. 아내나 장모는 그가 정부를 집에 끌어들였기 때문이었는지, 아니면 그의 독약 실험에 잔뜩 겁을 집어먹은 탓인지, 이미 몽트뢰유의 집을 나와 다른 곳으로 이사가버렸던 것으로 보인다.

발각된 이유는 어설픈 시체 처리 방식 때문이었다. 방치된 시체가 부패해가는 냄새와 뼈가 타는 냄새를 더 이상 참을 수 없었던 근처 사람들이 아무래도 너무 수상하다며 목소리를 내기 시작했다. 심지어 그의 집에 있던 낡은 조리용 스토브에서 7월 내내 뭔가가 요란하게 부글거리며 계속 끓어오르던 소리가 집 밖으로까지 확연히 들렸다!

이리하여 그는 체포되었고, 앞서 나왔던 것처럼 재판을 통해 단죄

되었다. 누가 봐도 그는 그야말로 편집증이 있는 미치광이였다. 이런 사실이 명백했기 때문에 그는 사형 대신 종신 징역에 처해졌다.

(10) 프레슬린 공작의 자살

마지막으로 비소를 이용한 기괴한 자살사건에 대해 언급해보겠다.

수면제(바르비투르산제)나 마취제 사용이 보급되지 않았을 무렵, 정치적인 동기라도 있지 않는 한 스스로 독을 마시고 자살을 기도하는 일은 극히 드물었다. 정치적 동란기에 음독자살자가 많이 나온다는 것은 통계적으로 증명되고 있다. 예를 들어 프랑스 대혁명 시절, 제정러시아 붕괴기, 독일 제3제국 괴멸 시기에 수많은 정치적 자살자가 속출했다는 사실은 널리 알려진 바와 같다. 19세기처럼 상대적으로 안정된 시절에는 그만큼 자살자 수가 적어진다.

그러나 한편으로 문학자나 소설가가 범죄나 자살에 대해 마음껏 몽상에 젖을 수 있었던 것은 바로 이런 안정기 덕분이었다. 일례가 귀스타브 플로베르(Gustave Flaubert)의 『보바리 부인(Madame Bovary)』이다. 이처럼 그 어떤 임상의의 보고도 가히 범접할 수 없는 주도면밀한 중독사 묘사를 남긴 작가도 있다. 목이 탈 것 같은 격렬한 갈증으로 시작해 단말마의 신음에 이르는 엠마 보바리의 자살 대목을 읽으면 분명 그렇게 느낄 것이다. 그녀가 천박하고 지루한 인생을 청산하는 것도 비소를 통해서였다.

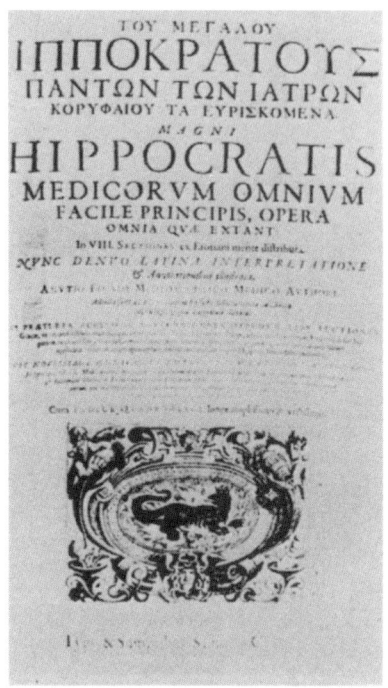

<그림 46> 히포크라테스의 책. 16세기

그 무렵, 정확하게는 1847년 8월, 프랑스의 대귀족으로 오를레앙 파 정부의 중진 중 한 사람이었던 슈아절프라슬린(Choiseul-Praslin) 공작의 부인이 온몸에 단도로 무참하게 찔린 채 살해당한 사건이 일어났다. 물론 범인은 그녀의 남편, 즉 프라슬린 공작임에 틀림없 었다. 경찰은 즉시 그를 체포해왔다. 그런데 그는 감시가 소홀해진 틈을 타 미리 준비해둔 독약 병에서 다량의 비소를 들이켜 빈사 상 태로 뤽상부르 감옥에 실려간 지 6일 만에 숨을 거두었다.

이 사건은 범인인 공작이 음독자살을 해버렸기 때문에 지금까지도 수수께끼로 남아 있으며, 이에 관한 온갖 억측을 불러일으키고 있다. 그중 하나를 소개해보자. 현대 작가 마르셀 쥐앙드 씨가 내비친 설이다. 공작 부인이 친아들에게 어긋난 애정을 품었기 때문에 남편인 프라슬린 공작이 차마 이 상황을 눈뜨고 볼 수 없어 그녀를 죽였을 거라는 의견이었다.

비소 이야기는 이쯤으로 하고, 이번엔 니코틴 이야기로 화제를 옮기자. 유명한 예는 보카르메 사건인데, 이것은 독약 범죄사상 실로 보기 드물게 충동적이고 폭력적인 범행 사례다.

원래 독약 범죄는 대부분 여성이 독점하고 있다는 통설이 있다. 아그리피나, 로쿠스타, 브랭빌리에 등 역사상 유명한 이름들을 떠올리기만 해도 이런 통설은 그야말로 진리처럼 여겨진다. 그러나 언제나 예외가 있기 마련이다. 심지어 최근의 정신분석학 성과가 보여주는 바에 따르면, 선천적인 독살자라고 말할 수 있는 성격을 가진 인간 중에는 오히려 남성이 많다고 한다. 그들은 매사에 침착하고 과감했으며, 냉혹하고 잔인하기까지 했다. 일단 결심이 서면 절대로 주저하거나 망설이지 않는다. 때로는 놀랄 정도로 가학적인 경향마저 보인다고 한다.

여성 독살자가 결정적인 순간에 뒷걸음질치거나 주저하거나 날짜만 헤아리거나 고통의 효과를 계산하는 데 반해, 타고난 남성 독살자는 결의를 굳힘과 동시에 신속하고 기민하게 모든 것을 행동으로 옮긴다. 이 점이 크게 다른 대목인데, 어떤 남성 독살자는 희생자의 시체에 폭행을 가하거나 시체를 토막내는 일까지 서슴지 않으며, 도착적인 성욕을 행사하는 경우도 있다고 한다.

보카르메 사건은 남성 독살자의 이런 성향을 전형적으로 드러낸 사례라고 할 수 있을 것이다. 단, 이것은 특이한 성적 도착 성향을 보이는 범죄는 아니다.

이폴리트 비사르 드 보카르메(Hippolyte Visart de Bocarme) 백작은 극단적인 무신론자로 대단한 여행가인 데다가 기묘한 것을 광적으로 모으는 수집광이었다. 참으로 괴이한 성격의 소유자였던 모양이다. 젊은 시절엔 자바, 말레이군도, 미국 등에서 생활했고 훗날 프랑스로 돌아와 1843년 6월 리디아 푸니(Lydia Fougnies)라는 여자와 결혼했다. 그녀에게는 지참금이 있었고 유산 상속의 가능성도 예상되었기 때문에 이미 가세가 기울고 있던 보카르메 가문으로서는 반가운 이야기였다.

결혼식 이후 부부는 벨기에 몽스 근처의 비트르몽(Bitremont)이라는 마을에 있는, 조상 대대로 내려오던 저택에 틀어박혀 호화로운 생활을 시작했다. 부부 사이도 상당히 좋았기 때문에 빚 걱정 따윈 조금도 하지 않은 채 놀고 먹으며 지냈다. 왜냐하면 부인에게는 몸이 약한 독신의 오빠가 있었고, 조만간 오빠만 죽으면 유산이 그야말로 넝쿨째로 굴러들어올 판이었기 때문이다.

그런데 이 병약한 오빠가 어느 부인에게 넋이 나갔는지, 무슨 일이 있어도 그녀와 결혼하겠노라는 식으로 나온 것이다. 결혼하면 유산은 당연히 미망인 차지가 될 것이다. 이렇게 되면 기대했던 것과는 얘기가 달라진다. 따라서 보카르메 부부는 끈질기게 그 결혼을 반대했는데, 결국 오빠의 마음을 돌리지는 못했다.

이 순간 보카르메의 마음에 문득 떠오른 것이 있었다. 그가 동양에 있을 당시 습득한 식물학 지식이었다. 그는 약 80kg의 담배를 구입해 이것을 증류시켜 니코틴을 채취했다. 당시 니코틴은 아직 거의 사용된 적이 없는 참신한 독약이었다.

결혼식 전날 밤, 보카르메 부부는 핑계거리를 만들어 오빠를 비트르몽의 저택으로 초대했다. 그리고 기회를 엿보아 보카르메가 처남에게 달려들어 준비해두었던 작은 병 속의 니코틴을 억지로 그에게 들이부었다.

물론 부부는 곧바로 체포되었다(1849년). 희생자의 절규, 갑작스러운 죽음이 너무나 미심쩍었다. 마룻바닥에는 손톱 자국이 나 있다. 의례적으로 호출된 의사는 독의 흔적을 지우기 위해 사용된 식초 냄새조차 알아차리지 못한 채 희생자에게 뇌졸중 진단을 내렸다. 그러나 그것만으로는 부부에 대한 혐의가 도저히 지워질 수 없었다.

투르네 재판소의 요청에 따라 몇 번에 걸쳐 다양한 동물실험을 거듭한 결과, 마침내 담배에서 알칼로이드를 유리하는 방법을 발견한 사람은 저명한 벨기에의 독물학자 장 스타스였다. 이때 그의 실험에 협력한 사람은 보카르메 집안에서 주인과 함께 독물을 다루는데 익숙해 있던, 두뇌가 명석한 하인이었다. 이 실험의 성공에 의해 내장 속 니코틴의 검출이 용이해졌다.

이리하여 보카르메의 범죄가 만천하에 드러나 그는 사형에 처해졌으며, 그가 사용한 폭력적인 수단은 독살 범죄 역사상 매우 특이한 사례로 남게 되었다. 독살범이라는 존재는 간교한 계책이나 간사한 꾀에 의존하는 것이 보통이다. 상대방에게 직접 달려들어 억지로 들이붓는다는 수단은 셰익스피어의 연극 따위에서나 볼 수 있는 광경이다.

심지어 보카르메는 어디까지나 아마추어였다. 니코틴이야말로 절대로 그 누구에게도 간파당하지 않을 독약이라고 철석같이 믿고 말았던 것이다. 그것이 아마추어의 어설픈 한계라고 말할 수 있을지도 모른다.

그러나 세상에는 상당히 어설픈 프로도 있기 마련이라, 의사 신분임을 망각하고 보카르메처럼 막무가내로 행동하려는 인물이 존재했다. 애덤 새뮤얼 카스탄이라는 사람이 바로 그런 인물이었는데, 그가 사용한 것은 모르핀이었다.

카스탄은 8개월 남짓한 사이에 모르핀으로 두 친구를 살해하고 유죄 선고를 받은 후 그레브 광장에서 처형당했다. 그러나 독물학자 사이에서는 의견 일치를 볼 수 없었고 오르필라조차도 희생자의 위 속에서 알칼로이드를 유리시키는 것은 불가능하다고 밝혔을 정도다. 이것은 현재는 당연시되고 있는 사실로, 모르핀은 유기체 내부에서 대부분 변해버려 원래대로의 상태로 발견할 수 있는 양은 일반적으로 극소량에 그친다.

교묘한 의사의 범죄

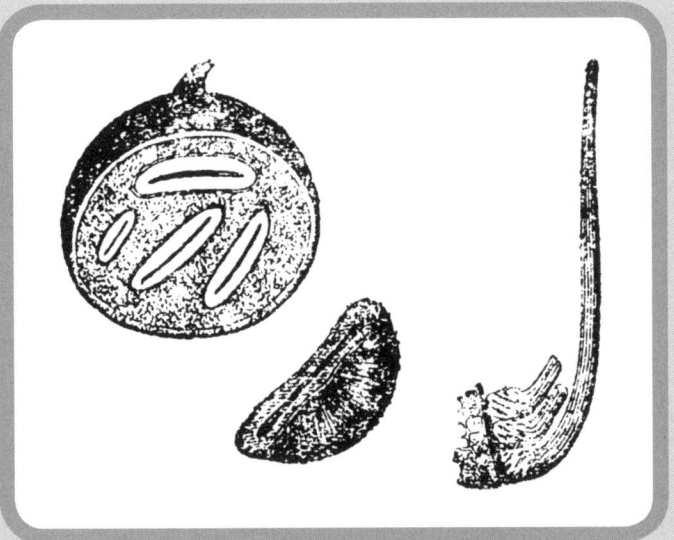

<그림 47> 호미카의 과실(왼쪽), 종자(가운데) 및
마전자의 상피에 있는 공단 모양의 잔털

동인도제도의 숲속에는 자그마한 크기에 땅딸막한 상록수가 자라고 있다. 투박한 계란형 이파리는 가죽 질감이며 꽃은 연두색, 열매는 밀감처럼 오렌지 빛깔이다. 열매의 껍질을 벗기면 하얀 젤라틴 상태의 과육이 드러나고 속에는 납작한 씨앗들이 몇 개 보인다. 호미카(학명 Strychnos nux-vomica)라고 칭해지는 식물이다. 맹독성으로 유명한 스트리크닌(스트리키니네)은 이 씨앗에 함유되어 있다.

씨앗 형태는 원반 모양이다. 직경은 1인치 정도이며, 표면에는 공단 모양의 잔털이 나 있어서 약학자들은 이것을 '번목별(番木鼈)' 혹은 '마전자(馬錢子)'라고 부른다. 펄펄 끓는 알코올에 마전자를 섞어 그 용액을 증류한 다음, 찌꺼기에 초산을 더하면 스트리크닌이 생겨난다. 매우 쓴 백색 결정체를 형성하고 좀처럼 녹지 않는 성질을 지녔다. 1820년, 이런 형태의 알칼로이드를 처음으로 화학적으로 분리해낸 사람은 펠티에(Pierre-Joseph Pelletier)와 카방투(Joseph Caventou)라는 두 명의 프랑스 약학자였다.

이후 스트리크닌은 범죄 세계에 화려하게 등장하기 시작했다. 이것은 약국의 진열장 안에 항상 진열되어 있는 의약품이기도 했기 때문에, 특정 직업을 가진 사람들에게는 쉽사리 입수가 가능했다.

다음에서는 이런 맹독성 약을 이용해 적어도 몇 사람의 생명을 잇따라 앗아간 영국인 의사의 사례에 대해 이야기해보고자 한다.

유복한 목재상의 아들로 태어난 윌리엄 파머(William Palmer)는 1846년 고향인 루겔레이(Rugeley)라는 자그마한 마을에서 병원을 개업하고 부유한 장교의 딸인 앤 브룩스(Ann Brookes)와 결혼했다. 그러나 타고난 도박광이었던 그는 경마에 푹 빠져 순식간에 막대한 부채를 끌어안고 말았다. 장인인 대령은 이미 세상을 떠났지만, 미망인인 마리 부인은 많은 유산을 물려받았다. 1849년, 마리 부인은 사위에게 초대를 받았다가 그대로 보름 정도 드러누워버리더니, 종당엔 원인을 알 수 없는 죽음을 맞이하게 되었다. 아마도 이것이 파머의 최초의 범죄일 것이다.

최초의 범죄는 다행히 발각되지 않았지만, 파머는 미망인의 재산을 차지할 수 없었다. 왜냐하면 아내인 앤은 대령의 사생아에 불과했고, 따로 정식 재산상속인이 있었기 때문이다. 미망인의 재산은 기탁에 부쳐지고 말았다.

한껏 기대에 부풀어 있었는데 야속하게도 배반당한 파머는 잔뜩 약이 올라 이번엔 다른 인간에게 눈독을 들이게 되었다. 무슨 수를 쓰더라도 빚을 갚을 방도를 찾아야만 했다. 마침 경마장에서 브래든이라는 사내를 알게 되었다. 브래든은 경마장의 보스였다. 경마도박 장부를 가지고 있었고, 도박판의 자릿세를 받는 위치에 있던 사내였다. 장부만 빼앗으면 거금이 굴러들어올 판이었다.

이 사내와 가까워지자 파머는 그를 루겔레이에 있는 자택으로 초대했다. 그리고 그 역시 채 열흘도 되기 전, 갑작스러운 죽음을 맞이할 운명이었다. 파머의 부탁을 받고 브래든의 사망진단서를 작성한 사람은 뱀퍼드라는 이름을 가진 일흔 살이 넘는 의사였다. 호인이었던 뱀퍼드는 파머와 이전부터 친하게 지내던 사이였다. 연로한 의사는 일말의 의구심도 품지 않은 채 브래든이 콜레라로 죽었음을

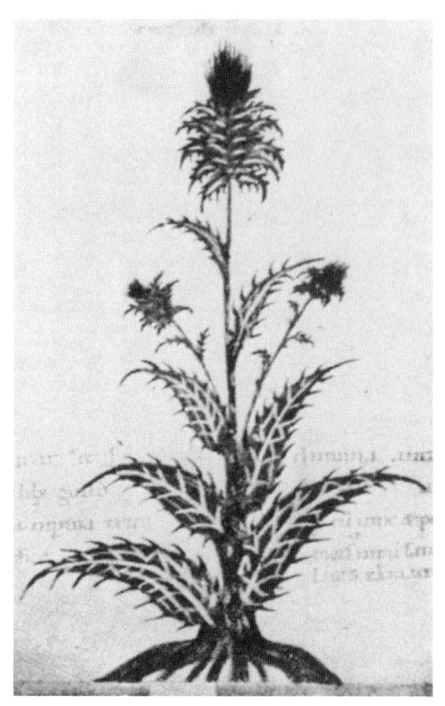

<그림 48> 카두스 마리아누스(Carduus marianus, 지느러미[밀크]엉겅퀴과의 일종).
12세기의 본초학 서적에서 발췌

증명하는 진단서에 사인해주었다.

끔찍한 전염병으로 죽었다고 하니 시체는 즉시 관에 넣어졌다. 미망인도 달리 조사를 의뢰할 마음이 들지 않았던 모양이다. 경마 장부가 분실되었다는 사실에 대해 의아해하던 사람도 있었지만, 그것만으로 의사를 고소할 수는 없는 노릇이었다.

범죄가 성공하자 한껏 들뜬 파머는 새로운 방안을 생각해냈다. 다시 빚을 지고 자신의 아내를 생명보험에 가입시켰다. 세 개의 보험회사와 총액 1만 3,000파운드의 계약을 맺었던 것이다. 물론 아내가 죽으면 보험금은 자기 차지가 된다.

가엾게도 앤은 스물여덟 살도 되지 않은 나이에 고통 속에서 죽어가야만 했다. 당연히 파머는 떨듯이 기뻐하며 1만 3,000파운드를 손에 넣었다. 진단서에는 역시 콜레라라고 기입되었다. 늙어서 둔감해진 의사 뱀퍼드가 이번에도 아무것도 모른 채 파머의 범죄에 협력해준 셈이다.

다음 희생자는 친동생이었다. 월터라는 이름을 가진 동생은 지독한 알코올 중독자였는데 파머는 8만 파운드라는 터무니없는 금액을 지불하는 조건으로 이 동생을 생명보험에 가입시키려고 했다. 하지만 이런 말도 안 되는 계약에 응할 회사는 없었다. 그런데 딱 한 곳, 프린스 오브 웨일스라는 보험회사가 1만 3,000파운드라면 계약해도 좋다는 의향을 내비쳤다. 계약이 체결되자 이 동생은 1855년 8월 뇌졸중으로 사망하게 되었다.

그런데 이 범죄를 통해 파머는 단 한 푼도 얻지 못했다. 은밀히 사인을 조사한 보험회사가 월터가 죽기 전날, 파머가 스태퍼드(Stafford)의 어느 약국에서 1온스의 청산을 샀다는 사실을 탐지했기 때문이다. 보험료 지불을 거부한 회사는 만약 소란을 일으키면 고소할 거라며, 오히려 파머를 협박하고 나왔다. 상황이 이 지경에 이르자, 천하의 파머라도 입을 다물고 순순히 물러설 수밖에 없었다.

대부분의 범죄자들은 이쯤에서 신변의 위험을 느꼈을 것이다. 안하무인으로 행동해왔던 지난날의 방식을 삼가고, 경우에 따라서는 어딘가로 자취를 감추는 방안도 진지하게 검토해봤을 것이다. 그런데 파머라는 이 작자는 대담무쌍하기 그지없었다. 의사라는 직업이 절호의 방패막이가 되었다는 측면도 무시할 수 없을 것이다. 게다가 뼛속까지 도박꾼이었던 그에게는 이런 아슬아슬한 모험이 늘 필요했을지도 모른다.

여전히 경마장을 들락거리며 도박의 스릴에 무아지경에 빠져 있던 파머는 몇 번이나 거금을 손에 넣었건만 번번이 순식간에 탕진하길 반복하며, 항상 빚쟁이의 빚 독촉에 시달리는 생활을 청산하지 못했다. 그러던 어느 날, 또다시 경마장에서 알게 된 사람이 바로 존 파슨스 쿡(John Parsons Cook)이라는 젊은 법률가였다. 이 사내 역시 경마에 완전히 미쳐 있었다. 그는 부모에게서 물려받은 약 1만 5,000파운드의 유산을 고스란히 종마 개량을 위해 쏟아부을 계획을 세우고 있었다. 취미가 비슷했기 때문에 두 사람은 급속히 친해져 항상 함께 술집에 들락거리거나 같은 호텔에 머물곤 했다.

1855년 1월, 쿡이 막대한 비용을 쏟아부으며 키웠던 어린 말이 처음으로 레이스에서 1등으로 도착하자, 성공을 축하하는 연회가 열렸다. 다양한 관계자들이 모여 샴페인을 터뜨리면서 일동이 화기애애한 분위기로 떠들썩한 시간을 보내고 있었다. 이때 파머는 기회를 엿보아 술잔에 독약을 넣어 이것을 친구에게 내밀었다. 쿡은 단숨에 술잔을 비우더니 "뭐가 들어간 것 같은데? 목구멍이 타는 것처럼 뜨겁다니까…"라며 불안스럽게 소리쳤다. "바보 같은 소리! 들어 있긴 뭐가 들어 있다고 그래!" 파머는 웃으며 이렇게 대답한 다음

자기도 단숨에 잔을 비웠다.

그러나 밤이 되자 쿡은 몇 번이고 엄습해오는 맹렬한 구토에 거듭 시달리다가, 의사인 친구의 간병 속에서도 사경을 헤맬 정도로 괴로워했다. 하지만 설사약 덕분에 이틀쯤 지나자 구역질이 가라앉아 다시 경마장에 갈 수 있을 정도로 호전되었다. 그러나 여전히 몸 상태가 예전 같지 않았기 때문에 파머의 권유에 따라 루겔레이 마을로 가서 친구 집 바로 앞에 위치한 호텔(탈보트 암즈 호텔)에 룸 하나를 빌려 한동안 여기서 요양 생활을 보내기로 했다.

파머는 회심의 미소를 지었다. 이제 다 잡아놓은 것이나 마찬가지였다. 먹잇감은 완전히 덫에 걸렸다. … 이윽고 의사가 환약을 계속해서 먹이기 시작하자 끔찍한 경련과 발작이 일어나면서 입에서 누런 담즙이 섞인 거품을 내뿜기 시작했다. 쿡은 공포에 떨며 비명을 질렀다.

스트리크닌 특유의 강직 경련은 고개가 뒤로 젖혀지고 손이 부들부들 떨리며 온몸이 활처럼 휘어진다. 마치 후두부와 발꿈치로 온몸을 지탱하는 기괴한 자세를 보여준다. 구토는 스트리크닌 중독 특유의 증상은 아니지만, 그와 동시에 입안이 경직되어 음식을 씹을 수 없게 되면서 히스테리 혹은 테타누스(파상풍 증세)를 연상시키는 경련을 동반하는 경우가 많다.

심지어 혼수상태에 빠지지 않고 일반적으로 의식이 명료하기 때문에 경련 중의 고통을 도저히 견딜 수 없다. 경련은 1, 2분 정도인데 약을 먹는다고 무조건 가라앉지는 않는다. 일시적으로 소강상태를 보이기도 하지만, 턱과 손발을 계속 덜덜 떨고 있기 때문에 환자의 몸이나 침구를 살짝 건드리기만 해도 자칫 다시 격렬한 전신 경련을 일으킬 수 있다. 그 정도로 자극에 민감한 셈이다. 그런 상태가 두 시간이고 세 시간이고 계속되기 때문에 환자는 완전히 탈진해 녹초가 된다. …

12월 20일 한밤중이 되면서 쿡은 갑자기 괴로워하기 시작했다. 파머는 범행 의도가 있었다는 사실을 미리 간파당하지 않으려고, 돌팔이 의사 뱀퍼드를 포함해 세 명의 의사들에게 빈사 상태의 쿡을 맡겨두었는데, 드디어 최후의 순간이 다가오자 자신도 누워 있던 쿡의 곁으로 달려갔다. 그리고는 늘 하던 대로 환약 두 알을 환자에게 먹였다. 효과는 단박에 나타났다. 2분 후 죽음의 경련이 쿡의 온몸을 강직시켰고, 등은 활처럼 휘어졌으며, 팔은 비틀어졌고, 눈은 당장이라도 튀어나올 정도로 커졌다. 이리하여 결국 쿡은 온몸이 방망이처럼 단단해지더니, 비참한 질식사로 생을 마감하게 되었다.

쿡이 목숨을 잃자, 파머는 앞뒤 분간도 하지 못한 채 세 명의 의사를 돌려보낸 다음 쿡의 옷에 달린 주머니를 뒤져 현금과 수표를 훔쳤다. 다음 날 아침 당장 채권자에게 빌린 돈을 당당히 갚았다고 하니 참으로 대담무쌍하다고 해야 할지, 막무가내라고 표현해야 할지, 그 이상 심리 상태를 가늠해볼 길이 없다.

그러나 거듭된 그의 흉악한 범죄도 마침내 발각되는 날이 오고야 말았다. 쿡의 친지가 수상하다고 여기며 사체 해부를 전문가에게 의뢰했기 때문이다. 그러자 비로소 경찰이 움직이기 시작하면서 조사가 시작되었고, 범행이 이루어지기 얼마 전 파머가 아편, 안티몬(Antimony), 청산, 스트리크닌 따위의 약물을 구입한 사실이 밝혀졌다. 이 정도의 약물을 갖추고 있다면 수백 명이라도 죽일 수 있었을 것이다. 끔찍한 일이다. 그런데 시체에는 아편도, 안티몬도, 청산도 발견되지 않았다. 따라서 파머를 단죄하려면 반드시 쿡이 스트리크닌에 의해서만 목숨을 잃었다는 사실이 증명되어야 했다.

런던으로 장소를 옮긴 소송은 갑자기 활발한 논쟁을 불러일으켰다. 변론은 1856년 5월 14일부터 26일까지 이어졌고 법정에는 저명인사가 다수 등장했다. 증인석에 선 독물학자나 전문가들은 제각각의 의견을 진술했다. 병적 발작, 파상풍 따위를 사망 원인으로 지적한 사람이 있는가 하면 뇌졸중, 매독 때문에 죽었다고 주장한 사람도 있었다. 마지막으로 동물실험 결과, 쿡의 죽음이 아마도 스트리크닌 알약을 복용했기 때문일 거라는 사실이 드러나자, 대부분의 사람들이 이 설로 기울어졌다. 따라서 피고는 극히 불리한 입장에 몰리게 되었다.

게다가 파머는 체포되기 전 무심코 자신에게 불리한 말을 흘린 적이 있다. 즉 홀란드 박사가 해부를 위해 사건이 발생한 마을에 왔을 때, 그는 서둘러 박사를 마중하며 쿡이 병적인 발작을 종종 일으켰다는 사실, 그의 머리에 불치의 고질병이 있었다는 사실 따위를 마치 상대방에게 자신의 의견을 관철시키려는 듯 지나치게 강변했다고 한다.

그러고 나서 파머는 태연한 얼굴로 해부에도 입회했는데, 집도의가 위장에서 어떤 물질을 발견하고 그 일부를 꺼내자, 파머는 짐짓 팔꿈치로 집도의를 살짝 건드려서 꺼낸 물질을 잃어버리게 하려던 모양이었다. 그런 사실을 증언하는 사람이 나오자 그의 입장은 한층 더 불리해졌다.

물론 개중에는 그의 입장을 변호하는 사람도 있었다. 유명한 독물학자 레스비 박사도 그중 한 사람이다. 사인이 정말로 스트리크닌 때문인지 결코 속단할 수는 없다고 주장했다. 그러나 대부분의 사람들은 스트리크닌이 사인이라는 테일러 박사의 명쾌한 의견에 이미 마음이 기울어져 있었기 때문에 장장 8시간에 걸친 변호사의 끈질긴 변호도 아무런 소득을 얻지 못했다. 증언대에 선 테일러 박사는 다음과 같이 말했다. "의학교수로서 나는 단언합니다. 쿡 씨의 증후는 스트리크닌에 의한 것으로 간주할 수밖에 없습니다."

사형이 선고되자 기묘한 소문이 런던 곳곳에 퍼졌다. 사망한 쿡은 과거 자신이 버렸던 여자의 복수로 말미암아 독을 들이켜게 되었다는 이야기였다.

처형은 6월 14일, 엄청난 군중이 밀집한 가운데 스태퍼드(Stafford)에서 행해졌다. 엘리자베스 왕조 이래로 잔혹한 처형 장면에 환호해온 앵글로색슨 민족이다. 한편 파머는 조금도 위엄을 잃지 않은 채, 마지막까지 자신이 잘못된 재판의 희생자임을 주장하면서 당당히 죽음에 임했다고 한다. …

파머 사건과 흡사한 보험금 사기 사건으로 비슷한 시기에 프랑스를 떠들썩하게 만들었던 것이 드 라 폼메라이(de La Pommeraie) 사건이었다. 에드거 앨런 포(Edgar Allan Poe)와 쌍벽을 이루는 19세기 공포소설 작가 빌리에 드릴라당(Villiers de L'isle-Adam, 프랑스 환상문학의 거장-역주)의 단편에 『단두대의 비밀(Le Secret de l'échafaud)』이라는 걸작이 있는데 이는 해당 사건을 모델로 삼은 것이다.

데지레 에드먼 쿠티 드 라 폼메라이는 1830년 루아레(Loiret) 지방에서 태어나 파머와 마찬가지로 직업이 의사였다. 그는 파리에서 개업의로 일하고 있었다. 미치광이에 가까울 정도로 출세주의자였으며, 허영심이 강했고, 제법 멋을 아는 사람이기도 했다. 릴라당이 묘사한 바에 의하면 "예민한 눈, 논리적인 사람으로 보이는 이마, 녹슨 것 같은 강압적인 음성, 달변가 특유의 각진 표정, 부자연스러울 정도로 우아한 몸짓"의 소유자였다.

폼메라이는 타산적인 마음에서 지참금을 노리고 부유한 집안의 딸인 클로틸드와 결혼했다. 그러나 결혼하기 전부터 가난한 화가의 미망인과 은밀한 관계를 지속하고 있었다. 그보다 무려 열두 살이나 연상인 포 부인이었다. 포 부인은 그와의 사이에서 두 명의 아이를 낳았는데, 이미 용모가 시들기 시작한 상태라 언제까지고 애인의 마음을 잡아두기란 무리였던 모양이다. 폼메라이는 결혼하자마자 애인의 집에 발길을 끊어버렸다.

1861년 10월, 결혼 후 3개월째가 되었을 무렵의 일이다. 사위가 사는 집으로 놀러 온 장모 듀비지 부인은 야식을 먹다가 갑자기 격한 발작을 일으키더니 순식간에 숨을 거두고 말았다. 부인은 건강했고, 야무진 사람이었으며, 죽을 나이도 아니었다. 딸이 결혼할 감행할 때, 그녀는 폼메라이의 인품이 마음에 들지 않아 좀처럼 결혼을 승낙하지 않았을 뿐만 아니라 자신의 재산을 젊은 부부에게 맡기는 것조차 완강히 거부했다.

물론 장모의 갑작스러운 죽음에는 폼메라이의 마수가 작용했음이 틀림없었다. 그런데 훼방꾼이 사라지자 그는 더더욱 끔찍하고 악마적인 계획을 획책하기 시작했다.

지금까지 관계를 끊어왔던 포 부인과 다시 재결합한 다음 애인의 집을 자주 찾아갔다. 그리고 6개월 후인 1863년 11월 17일, 이 불행한 여자는 끊임없는 구토와 경련으로 괴로워하다가 안타까운 죽음을 맞이했다.

장모가 죽을 때는 용케 발각되지 않았지만, 이번엔 사정이 달랐다. 죽은 포 부인이 몇몇 보험회사와 계약을 맺은 상태임이 드러나자, 그녀의 제부는 혹시 독살일지도 모른다는 의혹을 품고 이를 경찰청에 신고했던 것이다. 파리 경찰이 조사해보니, 포 부인은 무려 여덟 개의 생명보험회사와 자그마치 총액 55만 프랑에 달하는 보험금 계약을 체결하고 있었다.

발굴된 부인의 시체는 명성이 자자한 약물학자 어거스트 앙브루아즈 타듀(Auguste Ambroise Tardieu)의 집도에 의해 해부되었다. 위나 장에 천공도 없었고 만성질환의 징후도 없었기 때문에 독살을 의심하게 하는 물증은 전혀 없었다. 그런데 막상 폼메라이의 자택

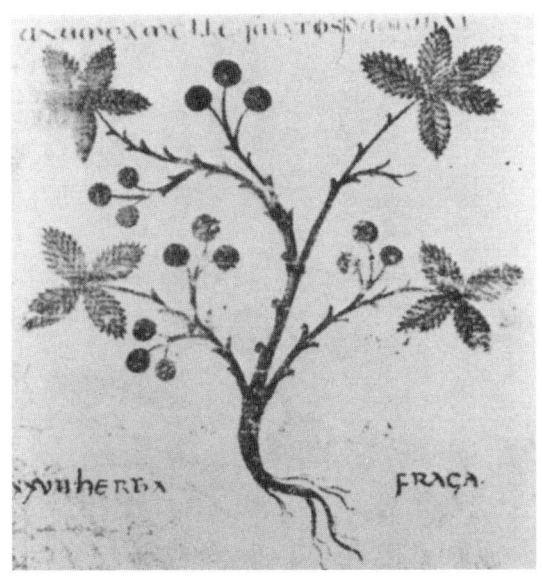

<그림 49> 흑딸기(학명 *Rubus mesogaeus Focke var. mesogaeus*). 라이덴의 아풀레이우스 본초서에서 발췌. 7세기

을 수사해보니, 소량의 디기탈린(digitalin)과 승홍, 벨라도나, 헴록(Hemlock), 청산, 스트리크닌 따위를 포함한 독물 약 900종류가 발견되었고 결국 이것들은 압수되었다. 아무리 의사가 거주하는 집이라고는 해도 이 정도 수량은 다소 기괴하다고 하지 않을 수 없다.

또 한 가지, 폼메라이가 용의주도하지 못했던 점은 희생자의 토사물을 닦아두지 않았다는 사실이다. 독물학자 타듀와 루상이 꼼꼼히 이를 분석해 위장에 있던 내용물과 함께 동물에 섭취시켜보니 대부분 그 자리에서 동물이 죽어버렸다. 그래서 두 약학자는 부인의 죽음이 식물성 독에 의한 것이며 화학적으로 이것을 유리시키는 것은 불가능에 가깝지만 효과는 디기탈린 중독과 흡사하다는 결론을 내렸다.

디기탈린의 원료인 디기탈리스라는 식물은 서유럽 산림 도처에서 매우 흔히 발견할 수 있는 약초다. 일반적으로는 '여우 장갑(붙어 별명은 노트르담의 종-역주)' 혹은 '죽은 자의 손가락'이라고도 칭해지는데, 담홍색의 화려한 꽃은 관상용으로 사랑받아 정원에 심어지는가 하면, 약용(강심제) 목적으로 재배되기도 한다. 독은 잎사귀에 포함되어 있다. 디기탈린이라고 불리는 주성분은 디기톡신(Digitoxin)이라는 또 다른 독극물이다. 예로부터 약용으로 쓰일 때는 잎사귀를 차처럼 가볍게 달여 사용하는 경우가 많았다.

디기탈리스는 전신의 혈액순환을 좋게 하고 국소 부위의 울혈을 완화시킨다. 심장 기능을 조절하고 강화시킨다는 효과를 가지는데 동시에 축적 작용이 있어서 끔찍한 중독 증상을 보이는 경우가 있다. 다량 투여 시 구토, 설사, 복통을 유발할 뿐만 아니라 시각장애, 느리고 불규칙한 맥박, 저혈압, 부정맥을 동반한 심실빈맥, 심실세동에 의한 사망 등을 초래하는 경우도 있다. 결코 가볍게 볼 수 없는 독극물인 것이다.

디기탈리스는 화학반응에서는 반응이 느리다. 특수한 점에 많지 않기 때문에, 두 약물학자 타듀와 루상은 시체 내장에서 추출한 독을 동물실험에 의한 생리학적 방법에 의해 시험해보는 것이 낫겠다는 판단을 내렸다.

이런 방식을 채용하는 것은 애로사항이 많았고, 법정 안에서 골

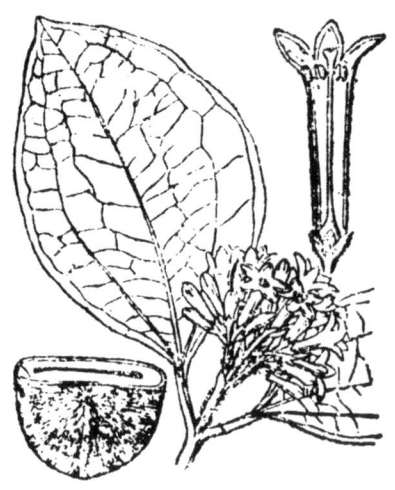

<그림 50> 호미카(학명 Strychnos nux-vomica)

치 아픈 논쟁을 불러일으키곤 했다. 그러나 그 유명한 실험생리학의 대가이자 파리대학의 교수 클로드 베르나르(Claude Bernard)의 등장으로 이 방식에 확고한 근거가 있다는 점을 판사들도 납득하기에 이르렀다. 디기탈리스 독이 생리학적 방법에 의해 검색되게 된 것은 폼메라이 사건 이후의 일이다.

폼메라이의 변호사는 보험회사를 상대로 한 사기 행위가 사실임은 인정하지 않을 수 없었지만 독살이라는 범죄 사실에 대해서는 증거 불충분이라며 법정에서 4시간에 걸친 열변을 토해냈다.

그러나 클로드 베르나르 같은 화학계의 대가가 발언한 마당인지라, 제아무리 교묘한 변론이라도 설득력이 희박해지는 것은 어쩔 수 없는 일이었다. 활발한 언론 플레이에도 불구하고 폼메라이는 정상 참작의 여지도 없이 유죄를 선고받아 1864년 6월 9일 미명, 파리의 라 로케트 광장에서 단두대의 이슬로 사라졌다. 향년 34세였다.

폼메라이는 무척이나 냉철한 과학자였던 모양이다. 무신론자였고 냉소적이었으며 오만했다. 법정에서는 사람들에게 빈축을 사곤 했지만 마지막까지 스스로의 무죄를 끊임없이 주장했던 마니아다운, 순교자를 연상케 하는 태도가 특정한 사람들의 공포와 공감을 동시에 부추겼던 것으로 추정된다.

그래서인지 그가 처형되고 나서 16일 후, 『가제트 드 트리뷴』지에 기괴한 풍문을 전하는 기사가 등장했다. 즉, 폼메라이 동료 의사들이 처형 후 폼메라이의 잘린 목을 이용해 어떤 종류의 생리학적 실험을 했다는 내용이었다.

물론 이것은 그저 악취미적인 엽기적 소문에 불과할지도 모른다. 그러나 소설가 빌리에 드릴라당은 이 사회면 기사를 자신의 단편소설의 소재로 삼아 끔찍하고 소름 끼치는 이야기 『단두대의 비밀(Le Secret de l'échafaud)』을 완성시켰다.

이야기의 줄거리는 학사원 회원이자 파리의과대학 교수로 명성이 하늘을 찌르는 벨포 박사(Doctor Velpeau, 작가 본인도 잘 알고 있던 실재 인물임)가 순수하게 과학적인 목적을 위해 머지않아 사형에 처해질 의사 동료 폼메라이에게 어떤 실험에 협력해달라고 부탁한 내용이다. 실험이란 단두대의 칼날이 폼메라이의 목을 싹둑 자른 직후, 박사의 신호에 따라 만약 가능하다면 왼쪽 눈꺼풀을 세 번 계속해서

깜빡깜빡 감는 동작을 해주길 바란다는 것이었다. "단두대의 칼날이 낙하할 때, 나는 당신의 정면 맞은편, 기계 쪽에 서 있겠소. 최대한 빨리 당신의 목이 사형집행인의 손에서 내 손으로 건네지지 않겠소?…"라고 벨포 박사는 말한다.

  이런 어처구니없는 실험이 과연 가능했을까. 모두들 의문스럽게 생각할 것이다. 어쨌든 이 단편의 그로테스크하고 음산한 인상은 달리 견줄 만한 것이 없을 지경이다. 내가 애호하는 대가 빌리에의 단편 가운데서도 특히 걸작에 속하는 작품이다.

집단 살육의 시대

<그림 51> 고대 북아메리카 원주민의 잔인한 성인식

20세기는 계획적 집단 학살의 시대이자 세균 전쟁이나 핵실험을 감행하는 시대이기도 하다. 독약 이용법 역시 집단적인 규모로 펼쳐진다.

이미 독가스가 제1차 세계대전을 계기로 근대 전쟁에 이용되기 시작했다는 사실은 이런 집단 살육의 개막 시대와 완벽히 부합된다. 나아가 라듐이나 우라늄이나 방사능 낙진의 끔찍한 독성에 대해 생각해보면 향후 얼마나 더 비참한 케이스가 나타날지 전혀 예측하기 어려운 상황이다.

물론 우라늄 따위를 개인이 살인에 이용하는 경우란 매우 드문 일일 것이다. 그러나 이런 사례가 전혀 없다고는 할 수 없다.

1951년, 멕시코의 부호 알폰소 텟사다라는 사내가 자국 안에서 세상을 떠났다. 동맥이 굳어버린 시체에는 방부 처리가 어려웠다. 그래서 처음엔 비소로 독살을 당한 것으로 추정되었는데, 나중에 두 번째 발굴을 했을 때는 마누엘 산도발 빌라타 박사가 4mg의 초산우라늄을 발견하게 되어 느닷없이 엄청난 문제가 되었다. 4mg의 초산우라늄을 입수하려면 18만 페소라는 거금이 필요했기 때문이다.

이런 독약은 어지간한 부자가 아니라면 좀처럼 사용할 수 없을 것이다. 그러나 그 이외에도 20세기에 존재했던 기묘한 독살범이 사용하는 독약에는 수많은 종류가 있다.

예를 들어 살충제, 시안화물, 병원체(바이러스), 의약품 등을 들 수 있다. 하나같이 극히 현대적인 독약이다. 그러나 이런 독약들에 대해서는 아직 언급할 기회가 없었다고는 해도 상당히 이전부터 알려

<그림 52> 고대 멕시코 아즈텍족의 인간 공양(뷔야르)

져 있었다는 점은 사실일 것이다.

독물학 영역에서는 해가 갈수록 새로운 독약이 추가되는데 독물학자들의 놀라움은 그런 것들이 지구상 각지의 다양한 미개인종 사이에서 아주 오래전부터 사용돼왔다는 사실이다. 오래되었지만 참신하기도 한 독약 중에 예컨대 화살독이라는 것이 있다.

활이나 화살 따위가 유일한 무기였던 미개인들은 철포나 대포 대신 화살독을 사용했다. 화살독으로는 동인도 원주민이 사용했던 스트리크닌(Strychnine), 과거 서유럽의 갈리아인들이 사용했던 헬레보루스(Helleborus, 베라트린을 주성분으로 하는 독초) 등이 잘 알려져 있다. 특히 유명한 것은 아메리카 원주민이 사용했던 쿠라레(Curare)였다.

그러나 화살독에 관한 지식은 문명인들이 좀처럼 입수하기 어렵다. 원시 민족 공동체를 뒤덮고 있던 신비와 비밀주의라는 두꺼운 베일을 벗기려면 엄청난 난관이 존재하기 때문이다. 어쩌면 현재에도 아프리카, 동남아시아, 남미에 사는 원주민들은 수렵이나 전쟁용으로 독약을 발라둔 화살 따위를 사용하고 있을지도 모른다.

화살독의 채취 방법은 추장이나 일부 마술사만이 알고 있으며, 이것을 자손에게 전달할 때 이외에는 결코 입 밖에 내지 않는다. 어떤 종족 사이에서는 화살독을 만드는 방법이 금기시된 경우도 있다.

수많은 화살독 가운데 특히 우리의 흥미를 끄는 것은 앞서 언급했던 것처럼 남아메리카 원주민이 사용하는 쿠라레다. 이것은 월터 롤리(Walter Raleigh) 경이 16세기 말 유럽에 도입했다는 이야기가 전해진다. 미개인들은 일종의 '신명재판(피고에게 시련을 가해 그 결과에 따라 죄의 유무를 판단하는 재판-역주)'에서 이 독을 사용해 죄인을 처벌하고 있었다.

탐험가로 유명하며 괴테나 실러와도 막역한 사이였던 독일의 자연과학자 알렉산더 폰 훔볼트(Alexander von Humboldt)는 우연히 항아리 안에서 흘러나온 쿠라레가 벌레에 물린 상처를 통해 침투한 바람에 쿠라레에 중독되었다. 동반했던 사람도 손가락 상처를 통해 자기도 모르는 사이에 쿠라레가 침투되었기 때문에 실신해버린다. 이런 식으로 옛날부터 자주 오지 탐험가들 사이에서 공포를 불러일으키기로 유명했다(이 부분의 기술은 이자와 본진[伊沢凡人]의 『독[毒]』을 바탕으로 하고 있다).

심지어 쿠라레가 체내로 침투했을 때는 아무런 고통도 느껴지지 않는다. 근육 내의 말초운동신경을 마비시키기 때문이다. 쿠라레를 이용하면 눈에 띄는 현상을 동반하지 않은 채 동물을 쓰러뜨리고 호흡곤란을 초래해 움직일 수 없게 만든 다음 결국 죽여버릴 수 있다. 흥미로운 사실이 존재한다. 쿠라레를 입을 통해 섭취했을 때는 중독되지 않는다. 따라서 이 독으로 죽은 동물은 고통도 적고 그 고기를 먹어도 전혀 해롭지 않다.

과거에 스파이로 소비에트에 붙잡혔다가 미국으로 송환된 U-2기 사건의 파워즈 조종사가 바로 이 쿠라레와 주사기를 소지하고 있었다는 사실이 화제가 된 적이 있었다. 스파이가 자살용으로 독약을 소지하는 것은 예로부터 수많은 사례들이 있었는데, 쿠라레를 휴대하고 있었다는 것은 매우 드문 일이다.

그러나 쿠라레를 주사해도 인간은 움직일 수 없게 될 뿐 죽는 경우는 드물다. 힘줄 속의 농도, 좀 더 정확히 말하자면 힘줄과 근육 속의 독의 농도 문제로 마비 현상이 일어나기 때문에 혈액 속으로 독이 들어가지 않는 한 좀처럼 죽는 경우는 없다(따라서 딕슨 카의 『붉은 그림자 살인[붉은 미망인 살인, The Red Widow Murders]』에서는 혈액에 섞어 넣을 필요가 있었기 때문에 치아의 출혈을 이용했던 것이다).

클로드 베르나르(Claude Bernard)는 쿠라레 작용 기제를 연구했다. 쿠라레를 작용시킨 근육은 신경을 통해 자극해도 흥분이 일어나지 않는 데 비해, 근육을 직접 자극하면 반응하기 때문에 근육이 직접적인 흥분성을 지닌다는 사실이 입증되었다. 이것은 생리학적 문제가 독성을 이용해 해결된 첫 사례였다.

쿠라레를 추출할 수 있는 식물은 스트리크닌(Strychnine)과 같은 마전자과의 덩굴식물로 독은 그 표피와 나무 부분에 포함되어 있다. 가이아나공화국, 페루, 브라질 아마존 유역 등에 사는 원주민들은 이것이 얼마나 무서운 식물인지 잘 알고 있다.

흥미로운 사실은 원주민이 이 독의 엑기스를 만들 때다. 그야말로 축제를 연상시키는 의식이 동반된다고 한다. '독의 남자'라는 역할을 하는 자가 작업에 임하는 사람들을 지도한다. 가마 안이 부글부글 끓기 시작하면 유독가스가 자욱해지기 때문에 모두가 주위에서 멀리 떨어져 있어야 하는데, 그래도 누군가 한 사람은 바로 곁에서 남아 있어야 한다. 그런 역할은 보통 노파가 담당한다. 결국 종족을 위해 스스로를 희생한 후 세상을 떠난다. 엑기스가 졸아들었을 무렵, 모두가 다시 가마솥 주변으로 모여들면 이미 노파는 차디찬 주검으로 변해 주변에 쓰러져 있다. …

집단 살육 시대의 또 하나의 특징은 기술 문명이 발달함에 따라 중독에 의한 사고 건수가 비약적으로 증가하고 있다는 점이다. 1957년 파리에서의 중독사고 건수는 1,915건, 뉴욕에서의 건수는 7,000건에 이른다.

진보가 가져다준 이런 참혹한 대가는 요컨대 근대 문명이 우리의 생활 속에 뿌려놓은 무수한 유해물질과 연관이 있다. 무지한 아이들이나 경솔한 어른들이 이런 유해물질들을 흡입할 위험성에 끊임없이 노출되고 있는 셈이다.

도시 생활에 빠뜨릴 수 없는 의약품이나 최면제, 진정제는 그 첫 번째 부류에 속한다. 이어 두 번째 부류에 속하는 것은 식품의 저장을 안전하게 한다거나, 외관을 좋게 할 목적으로 식품에 첨가하는

<그림 53> 브라질 원주민이 인육을 먹는 장면. 16세기 판화

각종 유해물질들이다. 예컨대 인공착색제, 방부제 등을 들 수 있다. 세 번째로는 한동안 일본에서도 주간지 따위에서 거론되어 화제가 되었던 부엌용 세제, 산, 금속연마액 등이 있다.

네 번째로는 이런 것들 가운데에서 가장 끔찍한 농약, 살충제가 있다. 실제로 이것에 의해 세계 각지에서 이미 놀랄 만큼 많은 수의 인간이 집단적으로 희생되고 있다.

지바대학(千葉大学) 고바야시 다쓰오(小林龍男) 교수에 따르면, 일본에서도 해충 구제를 위해 테트라에틸 피로인산(TEPP, tetraethyl pyrophosphate)이나 파라티온 등 여러 유기인 화합물이 살포되었는데, 이것이 인체에 얼마나 유해한 작용을 일으키는지 각지에서 문제가 되고 있다고 한다. 그리고 보니 농약이 들어간 포도주를 먹여 여러 사람을 살해한 집단 살인사건을 비롯해 TEPP(테트라에틸 피로인산)에 의한 살인, 자살, 사고사 등의 뉴스가 신문의 사회면을 떠들썩하게 장식한 적이 있었다는 사실이 상기된다.

공장 연기나 산업용 폐기물에 의한 대기나 하천의 오염, 구리나 방사능 원소의 토양 속 축적도 현대 생활을 좀먹는 끔찍한 결과를 초래한다. 기술 문명 덕분에 지구상의 온갖 곳에서 흙이나 물까지 오염된 상황이다. 진정으로 자연이라는 이름을 감당할 수 있는 것이 점점 사라지고 있다.

이런 상황을 되돌아보면 우리는 단 한 명의 로쿠스타나 단 한 명의 브랭빌리에가 살았던 과거의 그 어느 시대보다도 훨씬 다양한 독물의 위험에 노출된 상태이다. 결과적으로 끔찍스러운 근대 문명이 허락하는 일상생활을 영위하고 있는 셈이다.

예를 들어 우리는 매우 현대적인 독살범의 예로 이름을 알 수 없는 한 인물에 대해 알고 있다. 1959년 11월 뮌헨의 '유럽자유방송' 직원식당의 소금단지 안에 점안액으로 사용되는 알칼로이드의 일종인 아트로핀(Atropine, 가짓과에 속하는 벨라도나에 포함되어 있는 맹독 성분-역주)을 넣어 1,200명의 종업원을 한꺼번에 죽이려고 했던 사건이다. 이 사건은 독살범이 잡히지 않은 채 결국 미궁 속으로 빠지고 말았지만, 브랭빌리에나 로쿠스타처럼 과거의 자부심 강한 독살마가 과연 이런 무책임한 대량 살육을 생각해낼 수 있었을까?

집단 살육을 위해 원폭이나 미사일의 버튼만 누르면 되는 기능적인 인간의 정신과 마찬가지로, 독살범의 정신도 그저 거인적으로 확대될 뿐이다. 기술문명 시대를 살아가는 독살범은 이름 없는 존재가 되어 그의 책임은 소멸되어버린다. 이것이 바로 20세기 이후의 특징이다.

옛날의 정교한 수공예품이 오늘날의 무미건조한 대량생산 결과물에 그 자리를 양보했던 것처럼, 일찍이 그토록 자부심 강했던 독살마의 능수능란한 솜씨는 차츰 우리의 눈으로부터 사라지고 있는 것이 현실이다.

독살범의 정신이 거인적으로 확대되어감에 따라 그들이 사용하는 독약의 종류 역시 복잡하고도 기능적인 것으로 변모되어간다. 콘 어브레스트의 『독물학개론』(1955)에서 다음과 같은 방법으로 독을 분류하고 있다.

(1) 가스성 독(일산화탄소, 자극성 가스, 가스 독, 혼성 가스)

(2) 휘발성 독(산 및 시안화수소산화합물, 클로로포름과 그 유도체, 석탄산, 황화탄소, 벤젠, 니트로벤젠, 아닐린[aniline], 알코올, 에테르, 알데히드, 가솔린)

(3) 금속성 독(비소, 셀렌, 안티몬, 수은, 창연, 납, 구리, 은, 백금, 카드뮴, 아연, 주석, 알루미늄, 철, 망간, 크롬, 타륨, 니켈, 코발트, 마그네슘, 칼륨, 스트론튬, 바륨, 라듐)

(4) 산, 부식제, 방부제(황산, 초산, 염산, 염소산염류, 차아염소산염류, 옥소, 취소, 붕산, 붕산염, 과산화수소, 과황산염, 유기산)

(5) 알칼로이드, 배당체, 그리고 알칼로이드와 동일한 방법으로 추출된 독물

최근의 연구 성과를 반영한 이런 식의 분류는 실로 탁월한 것이라고 평가할 수 있다. 그러나 지식이라는 것은 끊임없이 진보하기 마련이므로, 결국 시간이 지나면 부득이하게 이런 분류 방식도 대폭 수정될 것이다.

이처럼 지식은 결국 변화하지만, 변화하지 않는 것도 존재한다. 바로 독살범의 심리다. 현대라는 거인 시대를 살아가고 있는 독살범도 그 심리는 중세의 그것과 크게 다르지 않다. 즉 그들을 행동으로 내모는 동기는 불순한 정욕이며, 이기심이며, 복수며, 질투다.

현대의 한가운데서 중세 시대의 요술에 비견할 만한 행위조차 행해지고 있다.

분명 앞서 소개했던 것 같은데, 독일의 한 시골 마을에서는 미신을 맹신하면서 자기 딸을 독살한 농부가 있었다. 달을 채우지 못하고 태어난 딸은 장차 마녀가 될 거라는 미신을 무턱대고 믿었기 때문이다. 물론 이 사건만이 특이한 예는 결코 아니다.

점성술사, 마술사, 돌팔이 의사 따위의 부류는 시골만이 아니라 문명국의 도회지 깊숙이에도 뿌리내리고 있으며 종종 맹독에 가까운 약이나 미심쩍은 약초 따위를 고객에게 팔아먹는다. 삼류 에로 잡지의 선정적인 광고란에 최음제나 강장제의 과장 광고가 나와 있는 것은 예나 지금이나 다르지 않다.

예컨대 이런 이야기가 있다. 1955년 프랑스에서 네 아이를 둔 어머니가 전 남편과의 사이에서 낳은 아이를 독살했다. 정신질환을 앓고 있던 어머니였다. 그녀는 아들 애인의 필체를 모방해 병역에 복무 중인 아들에게 편지를 써서 편지와 함께 페노바르비탈(Phenobarbital)이 든 작은 병을 보냈다. 작은 병의 라벨에는 '혼인식 밤'이라고 적혀 있었고, 내용물은 누가 봐도 최음제인 것처럼 분홍빛깔 시럽 형태의 액체였다. 편지에는 다음과 같이 적혀 있었다.

"사랑하는 로베르. 나를 생각하면서 이 액체를 마셔주세요. 이것은 사랑의 묘약이랍니다. 근사한 효과가 있지요. 이것을 마시면 당신은 지금보다 훨씬 날 사랑하게 되고, 행복하다고 느끼게 될 겁니다. 나도 마셔보았는데 너무나 기분 좋은 꿈을 꾸었답니다. 당신 품에 안기는 꿈이었지요…."

페노바르비탈은 중추마비를 일으키는 바르비투르산제의 일종으로 루미날이라고도 불리며, 수면제로 사용되고 있다. 물론 치사량을 벗어나면 목숨을 잃는다. 로베르는 이것을 단숨에 먹는 바람에 어머니가 의도한 대로 죽음을 맞이한다. …

이런 이야기도 있다. 1958년 어느 젊은 미국의 미망인이 독살범으로 전기의자에 앉는 신세가 되었다. 그녀는 종종 문제시되는 서인도제도의 부두교 신자였다. 검은 양초를 태우며 닭을 제물로 바치고 적에게 저주의 주술을 걸곤 했다. 무슨 짓을 해도 자신의 행위가 절대로 타인에게 발각되지 않을 거라는 확신을 차츰 가지게 되면서 급기야 비소를 이용해 두 명의 남편, 시어머니, 아홉 살이 되는 자신의 딸을 잇따라 독살했다. …

케냐의 어느 비밀결사가 쥐약을 대량으로 사들였다는 소문이 돌자 해당 지역을 식민지로 삼아 살고 있던 유럽인들 사이에서 일대

혼란이 일어난 적이 있었다. 비밀결사, 사이비 교도, 주술에 빠진 미신적 범죄는 지금도 결코 사라지지 않고 있다.

다음으로 소개하고자 하는 것은 독과 요술의 기묘한 결합을 보여주는 이야기다. 아이티섬에서 미국 본토를 향해 부두교 의식에 사용되는 인형이 수출된 적이 있었다. 그런데 이 인형을 산 사람은 반드시 독에 노출된다. 조지아주 애틀랜타에서는 이 인형에 손을 댄 50명의 학생들이 묘한 구토 증세를 보였다. 인형이 불행을 초래한다는 신앙이 있는데, 설마 그런 미신을 믿을 수도 없는 노릇이다. 따라서 미국의 보건부가 미심쩍게 여겨 조사에 착수했다. 그러자 이 인형은 캐슈(인도산 콩과의 유독식물) 나무로 만들어지고 있다는 사실을 알게 되었다.

인형 머리에 캐슈 기름이 스며들었기 때문에 독성의 증기를 발산하고 있었던 것이다. 인형을 만지고 나서 40, 50분 정도 지나면 피부가 변색되기 시작한다. 나아가 나무로 된 인형의 눈 속에는 어린애 한 명 정도는 죽이고도 남을 만한 독(아브린[abrin])이 들어 있었다. 당연히 이 인형은 미국 보건부의 처치에 의해 즉각 발매금지 처분을 당했다.

여기서 청산가리를 포함하는 시안화물에 대해 한마디 언급해두겠다.

고대 이집트인들은 복숭아 꽃에서 추출한 일종의 청산을 이용해 군주를 독살하곤 했다. 이때 사용했던 과거의 청산가리와 오늘날 화학적으로 순수한 시안화칼륨과는 독의 작용이라는 측면에서 매우 다르다고 여겨진다.

화학적으로 순수하다면 모든 시안화물은 극미량만 입에 대도 순식간에 사람의 목숨을 앗아갈 수 있다. 근대의 자살자나 살인범이 청산가리라는 맹독성 약을 편애했던 것도 실은 이유가 있었던 것이다.

치사량은 시안화수소(청산)라면 50~100mg, 시안화나트륨이라면 150mg, 시안화칼륨(청산가리)라면 200mg이다. 독을 복용하면 5분 이내에 확실하게 죽을 수 있다. 시안화수소의 공기 중 최고 허용농도는 10ppm이다.

마티외 오르필라(Mathieu Orfila, 1787~1853, 프랑스의 독물학자)의 시대에는 아직 시안화물을 순수하게 추출하기가 매우 어려웠기 때문에 위험도도 그만큼 낮았다. 라스푸틴을 살해한 사람도 이 독약의 불완전한 견본을 소지하고 있었던 것은 아닐까. 어쨌든 그들은 독으로 라스푸틴을 죽일 수 없게 되자 자루 달린 은촛대로 그를 때려죽이지 않을 수 없었다.

시안화물을 사용할 때는 미묘한 테크닉이 필요하다고 한다. 독살자가 이것을 상대방에게 삼키게 하려면 반드시 미묘한 정황이 일치할 필요가 있다. 청산에는 마치 아몬드처럼 특유의 냄새가 나고 입에 넣으면 점막에 강렬한 자극을 느끼기 때문이다. 그런 점에서 이른바 '제국은행 사건(1948년 도쿄 데이코쿠[제국]은행의 한 지점에서 발생한 대규모 독살사건-역주)'의 범인이 행한 수법은 독살 역사에서도 유례를 찾아볼 수 없는 교묘한 수법이었다.

제국은행 사건에 사용되었던 독물은 피해자의 위장에 남아 있던 내용물 분석을 통해 청산가리 혹은 청산나트륨이었던 것으로 밝혀졌다. 물론 마쓰모토 세이초(松本淸張, 일본 굴지의 추리소설 작가-역주)를 비롯한 몇몇 주장에 의하면 그것은 과거 육군연구소에서 제조된 독약과 매우 유사하다고 한다. 특이할 정도로 즉각적으로 효과를 나타내는 아세톤시아노히드린(Acetone cyanohydrin)이 바로 그것이다.

무명의 범인(여기서는 일단, 당시 범인으로 지목되었던 히라사와 사다미치[平沢貞通]를 범인이라고 단정하지 않기로 한다)은 도쿄 방역관이라는 명함을 내밀고 폐점 후의 은행에 들어가 독약을 설사예방약이라고 속여 은행원 16명에게 먹게 했다.

범인은 "이 약은 치아에 닿으면 치아 표면을 상하게 하니, 제가 어떻게 먹어야 할지 가르쳐드릴 테니 제가 먹는 것처럼 먹어주세요"라고 말하며 최대한 혀를 내민 후, 혓바닥 중간 정도에서 혀로 마는 시늉을 하며 약을 먹는 시범을 보여주었다.

점원들도 모두들 그런 식으로 따라서 먹었는데, 무척 자극이 강한 약이어서 마치 술을 못 마시는 사람이 강한 술을 마신 것처럼 가슴이 타들어갈 것처럼 괴로워지기 시작했다. "가솔린 냄새가 나면서 혀가 얼얼했다"라고 증언해준 생존자도 있었고 "엷은 노란색이었는데 암모니아 비슷한 냄새와 쓴맛이 났다"라고 말한 생존자도 있었다.

1954년, 제국은행 사건과 마찬가지로 청산이 들어간 과자를 먹고 자칫 죽을 뻔했던 에게르몬트 사건(벨기에)의 피해자도 비슷한 보고를 해주고 있다.

즉 "불쾌한 맛과 석유 냄새가 나면서 가슴이 울렁거렸다. 턱 근육이 갑자기 경직되면서 말을 할 수 없게 되었다. 어쩔 수 없이 앞으로 몸을 숙여 초콜릿을 입에서 토해냈다"라고 증언했다.

시안화물에 중독되면 보통 목숨을 잃기 마련이다. 따라서 이처럼 끝까지 생존해 소중한 증언을 해주는 일은 매우 드물다.

물론 시안화물의 독이 어떤 작용을 미치는지는 개인의 체질에 따라 상이하다. 따라서 청산가리 자살이 반드시 성공하리라는 보장은 없다.

라스푸틴은 상당한 약을 먹었는데도 끝까지 죽지 않았지만, 복강 내에 유리 캡슐에 담긴 청산가리를 넣어두었던 나치 전범 헤르만 괴링(Hermann Göring)은 처형 직전 구치소 안에서 멋지게 자살에 성공할 수 있었다.

반면, 아내의 칫솔에 파상풍균을 부착시켜 아내를 죽였다는 혐의를 받았던 독일의 세균학자 헤르만 보라츠는 1959년, 역시 청산가리 자살을 시도했지만 성공하지 못했다.

마지막으로 시안화물의 취급이 얼마나 까다로운지에 대해 실례를 들어 기록해두고자 한다. 1960년 1월, 영국의 어느 마을에서 질주 중이던 트럭에서 총계 136kg의 시안화물이 가득 담긴 세 개의 함이 굴러 떨어졌다.

즉시 긴급태세에 들어가 경찰들이 현지에 급파되었다. 떨어진 함들 중 하나의 함은 상자가 열려 있었다. 안에 담긴 내용물은 100만

명의 인간을 죽일 수도 있을 정도의 양이다!

　경찰은 어쩔 수 없이 막대한 양의 물을 흘러내려 시안화물의 농도를 희석시킨 다음 여기에 중화제를 쏟아부어야 했다. 다행히 희생자는 한 사람도 나오지 않았다고 한다.

문고판 후기

　에피소드를 중심으로 독약의 문화사를 살펴본 이 책은 이집트, 그리스 시대부터 현대까지 이르기까지 각 시대별로 배열되어 있다. 이른바 독약이라는 모티브를 씨실 삼아 엮어낸 하나의 문화사적인 태피스트리(tapestry)라고 생각해주시면 될 것이다.

　이미 고대 그리스부터 독약은 인간 사이에서 극적 상황을 연출해내기 위해 빼놓을 수 없는 요소였다고 여겨진다. 그리스 비극 안에는 독약이 종종 마치 불길한 운명의 신이라도 된 것처럼 등장하곤 한다. 소포클레스(Sophocles)의 『트라키스의 여인들』에 나오는 헤라클레스는 아내가 최음제로 여겨 그의 의복에 발라준 '히드라' 독 때문에 목숨을 잃는다. 에우리피데스의 메데이아가 독약을 다루는 사람이었다는 사실은 널리 알려져 있다. 라신의 페드로도 독을 들이켜 자살한다.

　신이나 다름없던 독약이 역사의 진전과 함께 어떻게 변해왔는지를 나는 이 책을 통해 상세히 그려내고 싶었다.

　『흑마술 수첩』, 『비밀결사 수첩』과 함께 3부작을 형성하는 이 책은 원래 추리소설 전문지 『호세키(宝石)』에 연재되었다(1963년 6월). 1970년 2월에는 『시부사와 다쓰히코 전집(渋沢龍彦全集)』 제1권에도 수록되었다.

양해를 구해야 할 점은, 뽑으면 사람 소리를 낸다는 그 유명한 중세의 독초 만드라고라(Mandragora)에 관한 기술이 이 책에서 다소 소홀히 다루어졌다는 점이다. 나는 나중에 「만드라고라에 대해(マンドラゴラについて)」(『시부사와 다쓰히코 전집[渋沢龍彦全集]』제3권 「에로스의 해부[エロスの解剖]」에 수록되어 있다)라는 글을 써서 이 부분의 부족함을 보완했다.

1983년 12월
시부사와 다쓰히코

역자 후기

　몸에도 마음에도 디톡스가 필요하다고 한다. 디톡스란 몸속에 쌓여 있는 독소를 없앤다는 의미이기 때문에, 불가에서 말하는 삼독(탐진치[貪瞋癡])을 버리는 것은 마음의 디톡스라고 할 수 있을 것이다. 탐욕과 노여움과 어리석음, 이런 삼독을 마음에서 빼내면 우리의 번뇌가 사라질까? 독소든 삼독이든, 애당초 이런 것들이 우리의 몸이나 마음에서 빼내어질 수 있는 성질의 것일까? 혹은 그것이 사라진 자리에는 또 무엇이 똬리를 틀까?

　이런 생각들을 문득 하는 이유는 『독약 수첩』이라는 이 책의 번역을 마치고 들었던 소박한 깨달음(!) 때문이었다. 사람을 죽이는 독극물이 인간에게 꼭 필요한 약이 되는 경우가 적지 않았다. 잘 쓰면 약이고, 잘못 쓰면 독이 된다고 해야 할까? 요컨대 쓰기에 따라서 약이 되기도 하고 독이 되기도 한다. 예를 들어 독약의 왕자인 비소는 예로부터 탁월한 탈모제로 애용되어왔으며 일반적인 화장수나 의약품, 각종 약재나 비누, 물감 등에도 사용된다고 한다. 서유럽의 산림 도처에서 흔히 발견되는 디기탈리스의 잎사귀에는 독이 포함되어 있다. 예로부터 약용으로 쓰일 때는 잎사귀를 차처럼 가볍게 달여 사용하는 경우가 많았다고 한다. 전신의 혈액순환을 좋게 하고, 국소 부위의 울혈을 완화하며, 심장 기능을 강화하는 효과를 지니고 있지만 한편으로는 끔찍한 중독 증상을 보이는 경우가 있기 때문에 치명적인 독극물이라고 할 수 있다. 마전자에는 맹독의 알칼로이드인 스트리크닌이 포함되어 있기 때문에 독성이나 약효를 기대해 이용해왔다고 한다. 이처럼 독성 식물인 동시에 약용 식물인 예는 상당하다.

잠깐!『독약 수첩』이란 서적의 역자 후기에 이런 약학 정보를 늘어놓는다면, 이 책에 대해 오해를 불러일으킬 소지가 있다. 이 책은 독약 자체에 대해 다루는 것이 주된 목적인 서적이 아니다. 심지어 이공 분야에서 다루고 있는 주요 독약 리스트와 다를 수 있으며, 그 효과에 대해서도 저자의 편향된 시각이 엿보인다. 즉, 독약 자체에 대한 지식을 전하는 이과 계통의 서적이라기보다는 독약을 통해 역사를 거시적으로 살펴보는 문과 계통의 서적이라고 할 수 있다. 문과 중에서도 '상문과'라고 해야 할까. 중세부터 근대에 걸친 에피소드가 풍부해서 저자가 박학다식함을 뽐내는 작품인 데다가 다루는 분야가 워낙 독특해서 취향에 따라 선호가 극명하게 갈릴 작품이다.

앞서 출간된 시부사와 작품의 역자 후기에서도 썼던 것처럼, 이 책에서도 '시부사와 스타일'은 명확하다. 즉 권선징악적인 고리타분한 훈계도 없으며, 동서양의 실존 인물들의 삶을 다룰 때도 밋밋한 역사서와는 결이 다르다. 최근에 이미 정정되었거나 더 이상 유효하지 않은 역사적 사실도 포함되어 있을 수 있으나 이에 대해 위화감을 느끼거나 시시비비에 골몰하기보다는 '예술을 위한 예술'을 추구하는 유미주의적인 관점에서 '시부사와 스타일'을 만끽하는 편이 훨씬 생산적일 것이다. 예컨대 시부사와는 독초원이라는 불길한 이미지에서 인간의 죽음과 연관된 감미롭고 화려하고 야릇한 '부패'의 매력을 발견하며, 유독 식물들의 조용하고도 고독한 모습을 차마 지나쳐버릴 수 없는 인물이다. 독초원이 가진 퇴폐적이고 감미로운 이미지를 통해 한층 상상력이 자극되는 작가인 것이다. 독약에서 야릇한 매력을 느끼며 독살이야말로 범죄의 예술이라고 여기는 듯하다. 그리고 이것은 독살이 지닌 극적인 상황에 대한 유미적인 관심 때문으로 보인다.

이 책을 번역하면서 미신이 우리의 정신세계나 문화 속에 얼마나 깊숙이 뿌리내리고 있는지 새삼 절실히 느낄 수 있었다. 예컨대 1958년 10월, 북부 독일의 어느 농민이 자기 딸을 독살했는데 범행 동기는 "열 달을 채우지 못하고 태어난 딸은 어른이 되면 결국 여자 요술사가 된다"라는 미신 때문이었다고 한다. 시인이나 초기 여행자들이 쓴 이야기에는 해독제가 될 뿐만 아니라 독의 존재를 알려주는 광물성 물질에 관한 온갖 공상적인 기술이 있다고 한다. 보석이 치료에 효능을 가진다는 일종의 신비주의적 학설은 중세에 탄생하게 되었다고 하는데, 이런 오컬티즘은 고색창연한 유물이라기보다는 현재까지 집요하게 살아남아 의식의 저 너머에 자리를 잡고 있다. 그리고 보니 해외여행을 갔다가 액막이 스톤이라며 오닉스 팔찌, 두려움을 없애준다며 호안석 목걸이 따위를 사라는 권유를 받았던 것 같기도 하다. 내면 깊숙이에 있는 공포를 자극하는 이런 터무니없는 미신에서 우리는 얼마나 자유로울 수 있었던가. 두려움을 없애고 이런 미신을 털어내기 위해 호안석이 필요할지도 모르겠다. 어머나.

역자 김수희

독약 수첩

초판 1쇄 인쇄 2023년 7월 10일
초판 1쇄 발행 2023년 7월 15일

저자 : 시부사와 다쓰히코
번역 : 김수희

펴낸이 : 이동섭
편집 : 이민규
디자인 : 조세연
영업·마케팅 : 송정환, 조정훈
e-BOOK : 홍인표, 최정수, 서찬웅, 김은혜, 정희철
관리 : 이윤미

㈜에이케이커뮤니케이션즈
등록 1996년 7월 9일(제302-1996-00026호)
주소 : 04002 서울 마포구 동교로 17안길 28, 2층
TEL : 02-702-7963~5 FAX : 02-702-7988
http://www.amusementkorea.co.kr

ISBN 979-11-274-6318-2 03900

DOKUYAKU NO TECHO by TATSUHIKO SHIBUSAWA
© RYUKO SHIBUSAWA 1984
Originally published in Japan in 1984 by KAWADE SHOBO SHINSHA Ltd. Publishers, TOKYO,
Korean translation rights arranged with KAWADE SHOBO SHINSHA Ltd. Publishers, TOKYO,
through TOHAN CORPORATION, TOKYO.

이 책의 한국어판 저작권은 일본 KAWADE SHOBO SHINSHA와의 독점계약으로
㈜에이케이커뮤니케이션즈에 있습니다.
저작권법에 의해 한국 내에서 보호를 받는 저작물이므로 무단전재와 무단복제를 금합니다.

*잘못된 책은 구입한 곳에서 무료로 바꿔드립니다.

창작을 위한 아이디어 자료

AK 트리비아 시리즈

-AK TRIVIA BOOK

No. 01 도해 근접무기
검, 도끼, 창, 곤봉, 활 등 냉병기에 대한 개설

No. 02 도해 크툴루 신화
우주적 공포인 크툴루 신화의 과거와 현재

No. 03 도해 메이드
영국 빅토리아 시대에 실존했던 메이드의 삶

No. 04 도해 연금술
'진리'를 위해 모든 것을 바친 이들의 기록

No. 05 도해 핸드웨폰
권총, 기관총, 머신건 등 개인 화기의 모든 것

No. 06 도해 전국무장
무장들의 활약상, 전국시대의 일상과 생활

No. 07 도해 전투기
인류의 전쟁사를 바꾸어놓은 전투기를 상세 소개

No. 08 도해 특수경찰
실제 SWAT 교관 출신의 저자가 소개하는 특수경찰

No. 09 도해 전차
지상전의 지배자이자 절대 강자 전차의 힘과 전술

No. 10 도해 헤비암즈
무반동총, 대전차 로켓 등의 압도적인 화력

No. 11 도해 밀리터리 아이템
군대에서 쓰이는 군장 용품을 완벽 해설

No. 12 도해 악마학
악마학의 발전 과정을 한눈에 알아볼 수 있도록 구성

No. 13 도해 북유럽 신화
북유럽 신화 세계관의 탄생부터 라그나로크까지

No. 14 도해 군함
20세기 전함부터 항모, 전략 원잠까지 해설

No. 15 도해 제3제국
아돌프 히틀러 통치하의 독일 제3제국 개론서

No. 16 도해 근대마술
마술의 종류와 개념, 마술사, 단체 등 심층 해설

No. 17 도해 우주선
우주선의 태동부터 발사, 비행 원리 등의 발전 과정

No. 18 도해 고대병기
고대병기 탄생 배경과 활약상, 계보, 작동 원리 해설

No. 19 도해 UFO
세계를 떠들썩하게 만든 UFO 사건 및 지식

No. 20 도해 식문화의 역사
중세 유럽을 중심으로, 음식문화의 변화를 설명

No. 21 도해 문장
역사와 문화의 시대적 상징물, 문장의 발전 과정

No. 22 도해 게임이론
알기 쉽고 현실에 적용할 수 있는 게임이론 입문서

No. 23 **도해 단위의 사전**
세계를 바라보고, 규정하는 기준이 되는 단위

No. 24 **도해 켈트 신화**
켈트 신화의 세계관 및 전설의 주요 등장인물 소개

No. 25 **도해 항공모함**
군사력의 상징이자 군사기술의 결정체, 항공모함

No. 26 **도해 위스키**
위스키의 맛을 한층 돋워주는 필수 지식이 가득

No. 27 **도해 특수부대**
전장의 스페셜리스트 특수부대의 모든 것

No. 28 **도해 서양화**
시대를 넘어 사랑받는 명작 84점을 해설

No. 29 **도해 갑자기 그림을 잘 그리게 되는 법**
멋진 일러스트를 위한 투시도와 원근법 초간단 스킬

No. 30 **도해 사케**
사케의 맛을 한층 더 즐길 수 있는 모든 지식

No. 31 **도해 흑마술**
역사 속에 실존했던 흑마술을 총망라

No. 32 **도해 현대 지상전**
현대 지상전의 최첨단 장비와 전략, 전술

No. 33 **도해 건파이트**
영화 등에서 볼 수 있는 건 액션의 핵심 지식

No. 34 **도해 마술의 역사**
마술의 발생시기와 장소, 변모 등 역사와 개요

No. 35 **도해 군용 차량**
맡은 임무에 맞추어 고안된 군용 차량의 세계

No. 36 **도해 첩보·정찰 장비**
승리의 열쇠 정보! 첩보원들의 특수장비 설명

No. 37 **도해 세계의 잠수함**
바다를 지배하는 침묵의 자객, 잠수함을 철저 해부

No. 38 **도해 무녀**
한국의 무당을 비롯한 세계의 샤머니즘과 각종 종교

No. 39 **도해 세계의 미사일 로켓 병기**
ICBM과 THAAD까지 미사일의 모든 것을 해설

No. 40 **독과 약의 세계사**
독과 약의 역사, 그리고 우리 생활과의 관계

No. 41 **영국 메이드의 일상**
빅토리아 시대의 아이콘 메이드의 일과 생활

No. 42 **영국 집사의 일상**
집사로 대표되는 남성 상급 사용인의 모든 것

No. 43 **중세 유럽의 생활**
중세의 신분 중 「일하는 자」의 일상생활

No. 44 **세계의 군복**
형태와 기능미가 절묘하게 융합된 군복의 매력

No. 45 **세계의 보병장비**
군에 있어 가장 기본이 되는 보병이 지닌 장비

No. 46 **해적의 세계사**
다양한 해적들이 세계사에 남긴 발자취

No. 47 **닌자의 세계**
온갖 지혜를 짜낸 닌자의 궁극의 도구와 인술

No. 48 **스나이퍼**
스나이퍼의 다양한 장비와 고도의 테크닉

No. 49 **중세 유럽의 문화**
중세 세계관을 이루는 요소들과 실제 생활

No. 50 **기사의 세계**
기사의 탄생에서 몰락까지, 파헤치는 역사의 드라마

No. 51 **영국 사교계 가이드**
빅토리아 시대 중류 여성들의 사교 생활

No. 52 **중세 유럽의 성채 도시**
궁극적인 기능미의 집약체였던 성채 도시

No. 53 **마도서의 세계**
천사와 악마의 영혼을 소환하는 마도서의 비밀

No. 54 **영국의 주택**
영국 지역에 따른 각종 주택 스타일을 상세 설명

No. 55 **발효**
미세한 거인들의 경이로운 세계

No. 56 **중세 유럽의 레시피**
중세 요리에 대한 풍부한 지식과 요리법

No. 57 **알기 쉬운 인도 신화**
강렬한 개성이 충돌하는 무아와 혼돈의 이야기

No. 58 **방어구의 역사**
방어구의 역사적 변천과 특색·재질·기능을 망라

No. 59 **마녀 사냥**
르네상스 시대에 휩몰아친 '마녀사냥'의 광풍

No. 6Ø **노예선의 세계사**
400년 남짓 대서양에서 자행된 노예무역

No. 61 **말의 세계사**
역사로 보는 인간과 말의 관계

No. 62 **달은 대단하다**
우주를 향한 인류의 대항해 시대

No. 63 **바다의 패권 400년사**
17세기에 시작된 해양 패권 다툼의 역사

No. 64 **영국 빅토리아 시대의 라이프 스타일**
영국 빅토리아 시대 중산계급 여성들의 생활

No. 65 **영국 귀족의 영애**
영애가 누렸던 화려한 일상과 그 이면의 현실

No. 66 **쾌락주의 철학**
쾌락주의적 삶을 향한 고찰과 실천

No. 67 **에로만화 스터디즈**
에로만화의 역사와 주요 장르를 망라

No. 68 **영국 인테리어의 역사**
500년에 걸친 영국 인테리어 스타일

No. 69 **과학실험 의학 사전**
기상천외한 의학계의 흑역사 완전 공개

No. 7Ø **영국 상류계급의 문화**
어퍼 클래스 사람들의 인상과 그 실상

No. 71 **비밀결사 수첩**
역사의 그림자 속에서 활동해온 비밀결사

No. 72 **영국 빅토리아 여왕과 귀족 문화**
대영제국의 황금기를 이끌었던 여성 군주

No. 73 **미즈키 시게루의 일본 현대사 1~4**
서민의 눈으로 바라보는 격동의 일본 현대사

No. 74 **전쟁과 군복의 역사**
풍부한 일러스트로 살펴보는 군복의 변천

No. 75 **흑마술 수첩**
악마들이 도사리는 오컬티즘의 다양한 세계

No. 76 **세계 괴이 사전 현대편**
세계 지역별로 수록된 방대한 괴담집

No. 77 **세계의 악녀 이야기**
악녀의 본성과 악의 본질을 파고드는 명저

-AK TRIVIA SPECIAL

환상 네이밍 사전
의미 있는 네이밍을 위한 1만3,000개 이상의 단어

중2병 대사전
중2병의 의미와 기원 등, 102개의 항목 해설

크툴루 신화 대사전
대중 문화 속에 자리 잡은 크툴루 신화의 다양한 요소

문양박물관
세계 각지의 아름다운 문양과 장식의 정수

고대 로마군 무기·방어구·전술 대전
위대한 정복자, 고대 로마군의 모든 것

도감 무기 갑옷 투구
무기의 기원과 발전을 파헤친 궁극의 군장도감

중세 유럽의 무술, 속 중세 유럽의 무술
중세 유럽~르네상스 시대에 활약했던 검술과 격투술

최신 군용 총기 사전
세계 각국의 현용 군용 총기를 총망라

초패미컴, 초초패미컴
100여 개의 작품에 대한 리뷰를 담은 영구 소장판

초쿠소게 1,2
망작 게임들의 숨겨진 매력을 재조명

초에로게, 초에로게 하드코어
엄격한 심사(?!)를 통해 선정된 '명작 에로게'

세계의 전투식량을 먹어보다
전투식량에 관련된 궁금증을 한 권으로 해결

세계장식도 1, 2
공예 미술계 불후의 명작을 농축한 한 권

서양 건축의 역사
서양 건축의 다양한 양식들을 알기 쉽게 해설

세계의 건축
세밀한 선화로 표현한 고품격 건축 일러스트 자료집

지중해가 낳은 천재 건축가 -안토니오 가우디
천재 건축가 가우디의 인생, 그리고 작품

민족의상 1,2
시대가 흘렀음에도 화려하고 기품 있는 색감

중세 유럽의 복장
특색과 문화가 담긴 고품격 유럽 민족의상 자료집

그림과 사진으로 풀어보는 이상한 나라의 앨리스
매혹적인 원더랜드의 논리를 완전 해설

그림과 사진으로 풀어보는 알프스 소녀 하이디
하이디를 통해 살펴보는 19세기 유럽사

영국 귀족의 생활
화려함과 고상함의 이면에 자리 잡은 책임과 무게

요리 도감
부모가 자식에게 조곤조곤 알려주는 요리 조언집

사육 재배 도감
동물과 식물을 스스로 키워보기 위한 알찬 조언

식물은 대단하다
우리 주변의 식물들이 지닌 놀라운 힘

그림과 사진으로 풀어보는 마녀의 약초상자
「약초」라는 키워드로 마녀의 비밀을 추적

초콜릿 세계사
신비의 약이 연인 사이의 선물로 자리 잡기까지

초콜릿어 사전
사랑스러운 일러스트로 보는 초콜릿의 매력

판타지세계 용어사전
세계 각국의 신화, 전설, 역사 속의 용어들을 해설

세계사 만물사전
역사를 장식한 각종 사물 약 3,000점의 유래와 역사

고대 격투기
고대 지중해 세계 격투기와 무기 전투술 총망라

에로 만화 표현사
에로 만화에 학문적으로 접근하여 자세히 분석

크툴루 신화 대사전
러브크래프트의 문학 세계와 문화사적 배경 망라

아리스가와 아리스의 밀실 대도감
신기한 밀실의 세계로 초대하는 41개의 밀실 트릭

연표로 보는 과학사 400년
연표로 알아보는 파란만장한 과학사 여행 가이드

제2차 세계대전 독일 전차
풍부한 일러스트로 살펴보는 독일 전차

구로사와 아키라 자서전 비슷한 것
영화감독 구로사와 아키라의 반생을 회고한 자서전

유감스러운 병기 도감
69종의 진기한 병기들의 깜짝 에피소드

유해초수
오리지널 세계관의 몬스터 일러스트 수록

요괴 대도감
미즈키 시게루가 그려낸 걸작 요괴 작품집

과학실험 이과 대사전
다양한 분야를 아우르는 궁극의 지식탐험!

과학실험 공작 사전
공작이 지닌 궁극의 가능성과 재미!

**크툴루 님이 엄청 대충 가르쳐주시는
크툴루 신화 용어사전**
크툴루 신화 신들의 귀여운 일러스트가 한가득

고대 로마 군단의 장비와 전술
로마를 세계의 수도로 끌어올린 원동력

제2차 세계대전 군장 도감
각 병종에 따른 군장들을 상세하게 소개

음양사 해부도감
과학자이자 주술사였던 음양사의 진정한 모습

미즈키 시게루의 라바울 전기
미즈키 시게루의 귀중한 라바울 전투 체험담

산괴 1~2
산에 얽힌 불가사의하고 근원적인 두려움

초 슈퍼 패미컴
역사에 남는 게임들의 발자취와 추억